Studien zur Kunstgeschichte | Band 6

Niklas Gliesmann und Barbara Welzel (Hg.)

DENKWERKSTATT MUSEUM

DORTMUNDER | SCHRIFTEN ZUR KUNST

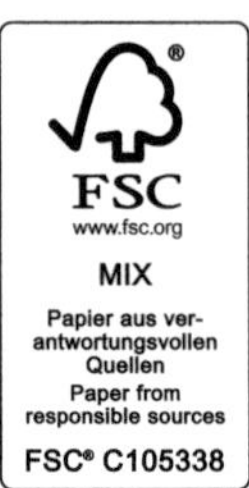

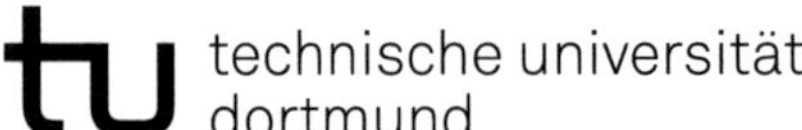
technische universität
dortmund

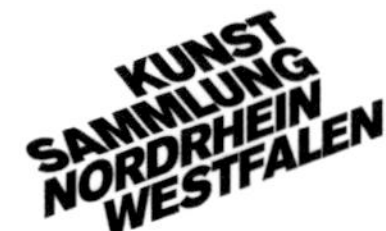

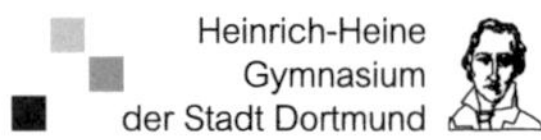
Heinrich-Heine
Gymnasium
der Stadt Dortmund

IMPRESSUM

Dortmunder Schriften zur Kunst
Studien zur Kunstgeschichte | Band 6
Herausgegeben von Niklas Gliesmann und Barbara Welzel

Niklas Gliesmann und Barbara Welzel (Hg.)
Denkwerkstatt Museum

Bibliografische Informationen der Deutschen Bibliothek
Die Deutsche Bibliothek verzeichnet diese Publikation in der deutschen Nationalbibliographie;
detaillierte bibliografische Daten sind im Internet über <http://dnb.ddb.de> abrufbar.

ISBN 978-3-738632-96-5

Fotos der Projektveranstaltungen 2011–2015: Foto-Team (Roland Baege, Niklas Gliesmann,
Barbara Welzel /Lehrstuhl für Kunstgeschichte der TU Dortmund).

Gestaltung: Frank Georgy, Köln
Herstellung und Verlag: BoD - Books on Demand, Norderstedt

Studien zur Kunstgeschichte | Band 6

Niklas Gliesmann und Barbara Welzel (Hg.)

DENKWERKSTATT MUSEUM

Marion Ackermann

Roland Baege

Heinz-Udo Brenk

Natalie Çalkozan

Frank Georgy

Niklas Gliesmann

Julia Hagenberg

Lea Hemker

Victoria Höchst

Sarah Hübner

Sarah Hübscher

Anna Kampe

Inga Michaelis

Eyleen Röbert

Pierre Rosenberg

Lisa Sarachman

Ann Katrin Schulte

Mareike Wehner

Barbara Welzel

Sina Ziegler

DORTMUNDER | SCHRIFTEN
ZUR KUNST

INHALTSVERZEICHNIS

GRUSSWORT

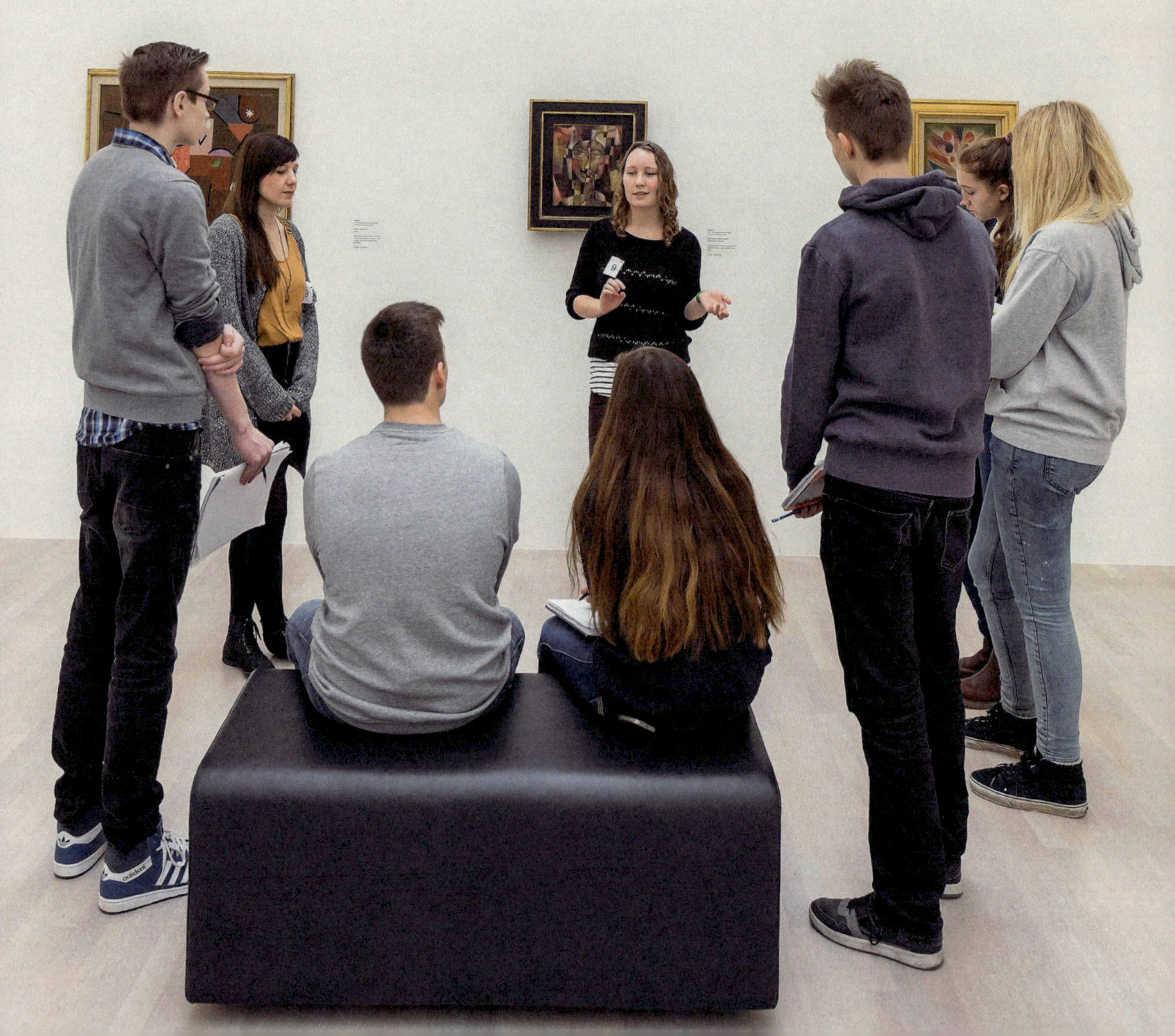

Nordrhein-Westfalen zeichnet sich durch eine vielfältige Kulturlandschaft aus. Es gibt viele inspirierende Künstlerinnen und Künstler und attraktive Orte, die dazu einladen, Kunst und Kultur hautnah zu erleben. Diese Orte wollen wir intensiv für die Kulturelle Bildung, einen Schwerpunkt unserer Kulturpolitik, nutzen. Es geht darum, neben Wissen eigene Kreativität, die Begeisterung für Kunstwerke und ihre Ästhetik zu fördern. Um möglichst frühzeitig anzusetzen, ist die Kulturelle Bildung von Kindern und Jugendlichen von enormer Bedeutung. Hier setzt zum Beispiel das Landesprogramm Kultur und Schule an. In allen Kultursparten, im Theater, der Literatur, der Bildenden Kunst, der Musik, dem Tanz, dem Film oder den Neue Medien wird jungen Menschen die Begegnung mit Kunst und Kultur – unabhängig vom familiären Hintergrund und Wohnumfeld – ermöglicht. Mit dieser Zielsetzung sind besondere Projekte ins Leben gerufen worden. Auch über das Programm »Kulturrucksack« erhalten Kinder und Jugendliche attraktive und altersgemäße Bildungs- und Kulturangebote.

Die »Denkwerkstatt Museum« ist ein bemerkenswertes Projekt, das Universität, Museum und Schule in einer Verantwortungsgemeinschaft zusammenbringt. Gemeinsam erkunden die verschiedenen Akteure die Kunstsammlung Nordrhein-Westfalen in Düsseldorf. Die meisten der Studierenden des Seminars für Kunst und Kunstwissenschaft der Technischen Universität Dortmund haben die Absicht, Lehrerinnen und Lehrer zu werden. In der »Denkwerkstatt Museum« agieren sie als Botschafter des Museums und seiner Werke für Schülerinnen und Schüler. Damit bauen sie für Kinder und Jugendliche Brücken in den Raum des Museums und ermöglichen ihnen so, ein Kunstmuseum und moderne Kunst als spannende Lebenswelten wahrzunehmen.

Ich danke den beteiligten Projektteilnehmern für ihre Mitwirkung sehr herzlich. Die Kunstsammlung Nordrhein-Westfalen verknüpft kontinuierlich die Ausstellungs- und Forschungsarbeit mit einem breit gefächerten Angebot kultureller Bildung und ästhetischer Praxis. Ich danke der Direktorin Dr. Marion Ackermann sowie allen Mitarbeiterinnen und Mitarbeitern, dass sie sich auch für die »Denkwerkstatt Museum« engagiert haben.

Auch dem Team des Lehrstuhls für Kunstgeschichte der Technischen Universität Dortmund unter der Leitung von Prof. Dr. Barbara Welzel und Dr. Niklas Gliesmann gilt mein Dank ebenso wie allen Studierenden, die als Botschafter für die Werke der Kunstsammlung Nordrhein-Westfalen eine kaum zu überschätzende Aufgabe übernommen haben. Ich freue mich, dass die Museumswerkstatt bei verschiedenen Schulen Anklang gefunden hat, allen voran beim Heinrich-Heine-Gymnasium in Dortmund. Die Lehrerinnen und Lehrer haben Kulturelle Bildung selbstverständlich in den schulischen Alltag integriert, und die Schülerinnen und Schüler bestätigen, wie wichtig derartige Projekte sind: Viele von Ihnen sind ihrerseits zu Botschaftern des Museums und seiner Kunstwerke für Familien, Freunde und jüngere Schülerinnen und Schüler geworden.

Ein wichtiger Aspekt ist die Ausweitung der »Denkwerkstatt Museum« für Schülerinnen und Schüler, die als Flüchtlinge nach Nordrhein-Westfalen gekommen sind. Ich wünsche diesem Projekt weiterhin Erfolg und viele Nachahmer.

UTE SCHÄFER
Ministerin für Familie, Kinder, Jugend, Kultur und Sport des Landes Nordrhein-Westfalen.

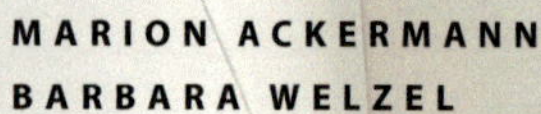

MARION ACKERMANN
BARBARA WELZEL

VORWORT

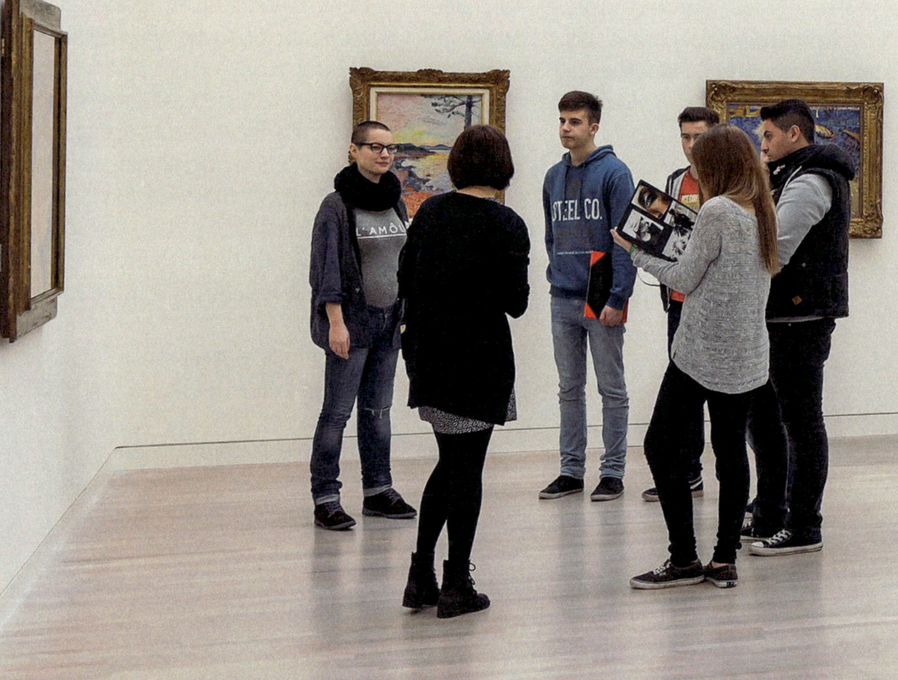

Die »Denkwerkstatt Museum« ist ein ungewöhnliches Projekt, indem sie einen neuen Raum eröffnet, den drei Institutionen gemeinsam gestalten: Museum, Universität und Schule. Alle drei sind einander Gastgeber, alle drei nehmen sich in die Pflicht. Sie erfüllen ihren je eigenen Auftrag – und zwar im Regelbetrieb, nicht in der Ausnahmesituation von Projekten, die zeitlich begrenzt durch externe Drittmittel finanziert oder als zusätzlicher Event inszeniert werden.

Das Museum zeigt sich mit seinem Auftrag des Sammelns, Bewahrens, Forschens und Vermittelns. Es ist Gastgeber mit seinen hochwertigen Sammlungen, mit dem Präsentieren von wertvollen Kunstwerken und mit dem Schaffen einer Plattform für das wechselseitige Lernen und den Austausch mit einer sich verändernden Gesellschaft. Die Universität ist Stätte von Forschung, Lehre und Studium; dort wird der Erkenntnisfortschritt vorangebracht und immer von Neuem an die nächste Generation weitergegeben. Sie ist Gastgeberin mit ihren Lehrenden und Studierenden, die ihr Wissen in den Bereichen von Kunstgeschichte und Vermittlung in der »Denkwerkstatt Museum« einsetzen, erproben und experimentell verfeinern. Die Schule ist Bildungsstätte für alle jungen Menschen des Landes; hier wird grundlegendes Wissen vermittelt und Teilhabe eröffnet – unabhängig von sozialer oder kultureller Herkunft. Sie ist entscheidender Ort für die Verwirklichung gesellschaftlicher Gerechtigkeit. In der »Denkwerkstatt Museum« ist sie Gastgeberin eines Dialoges zwischen Schüler/innen und Lehrer/innen sowie Studierenden und ihren Dozent/innen, die das Museum als Verhandlungsort über Kunst, kulturelle Erinnerung und Gegenwart ausloten.

Erfunden wurde die »Denkwerkstatt Museum« im Wintersemester 2010/2011; seither hat sie sich für mehr als 500 junge Menschen geöffnet. Alle drei Institutionen – so lässt sich nach den zurückliegenden fünf Jahren festhalten – werden bereichert durch diese Dialoge. Gerade auch für das Museum ist das Projekt besonders wichtig, da im Austausch mit jungen Menschen eine Dynamik und Lebendigkeit des Museums erzeugt und zu einer Aktualisierung der Sammlung sowie des künstlerischen und pädagogischen Programms angeregt wird.

Wir danken allen, die dieses Projekt ermöglichen, und allen, die sich daran in den vergangenen Jahren beteiligt haben: Schülerinnen und Schülern, Lehrerinnen und Lehrern, Studierenden, von denen manche inzwischen selbst Lehrer/innen sind, den Mitarbeiterinnen und Mitarbeitern der Kunstsammlung Nordrhein-Westfalen, den Lehrenden an der TU Dortmund, namentlich Dr. Niklas Gliesmann, der die »Denkwerkstatt Museum« seit 2013 federführend leitet und weiterentwickelt hat. Wir freuen uns, dieses – wie wir stolz und überzeugt glauben sagen zu dürfen – modellhafte Projekt nach fünf Jahren durch eine Publikation einer größeren Öffentlichkeit vorzustellen.

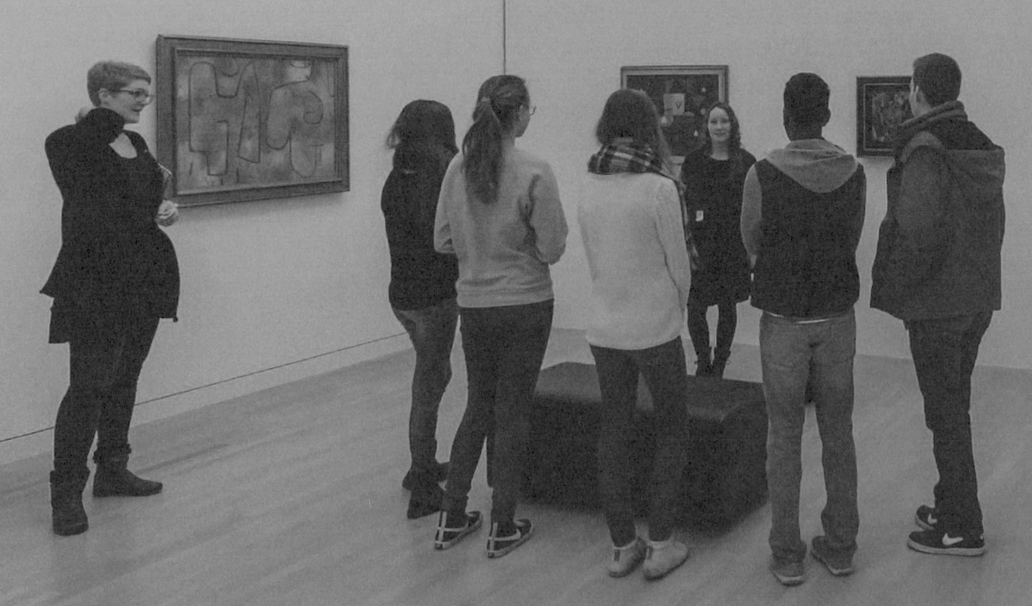
»ICH FAND DEN AMERIKANERRAUM
BESONDERS SCHÖN.
DAS LAG NICHT NUR AN DEN BILDERN,
SONDERN AUCH DARAN,
DASS DER RAUM SO OFFEN
UND HELL IST.«

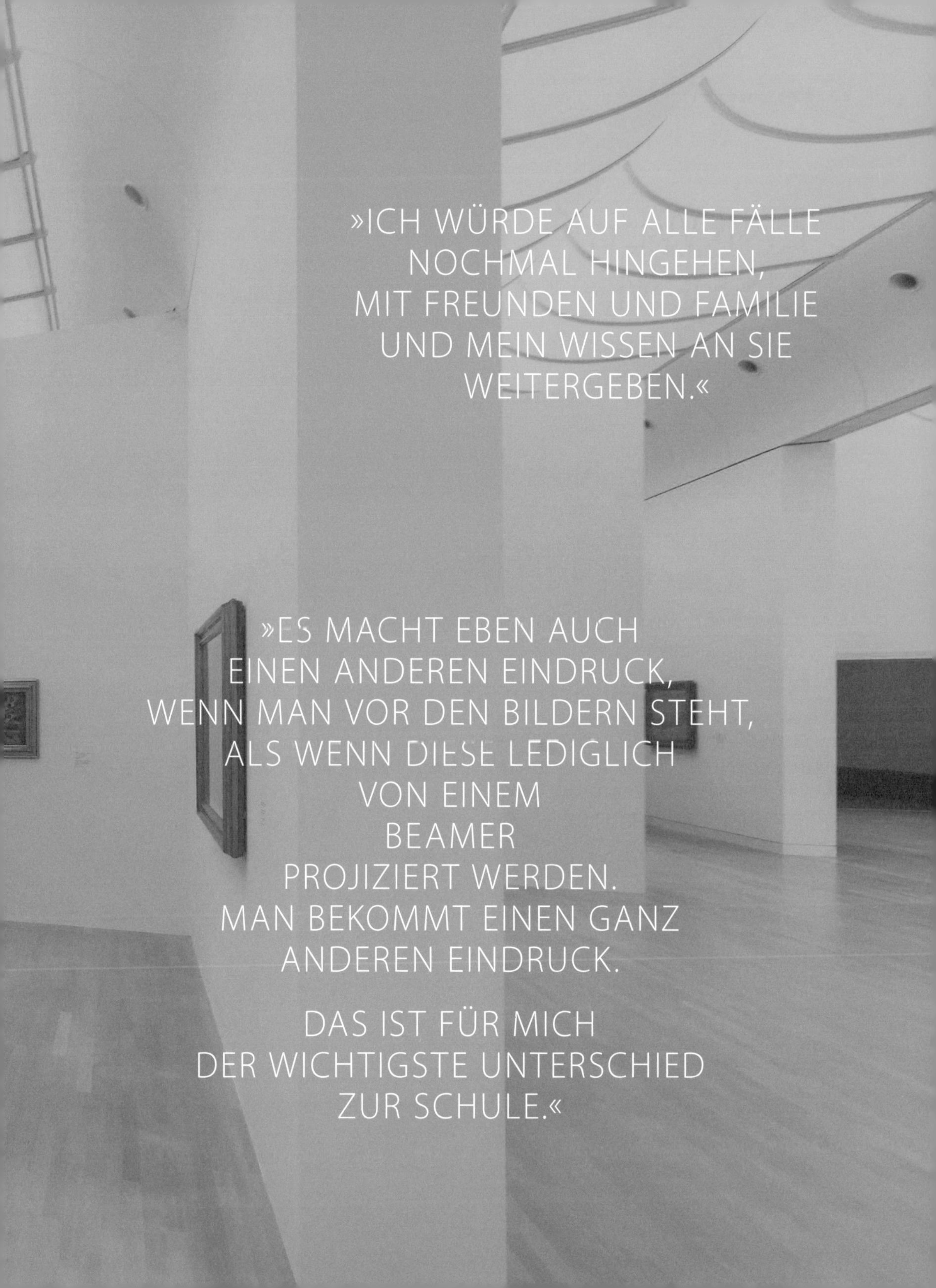

»ICH WÜRDE AUF ALLE FÄLLE
NOCHMAL HINGEHEN,
MIT FREUNDEN UND FAMILIE
UND MEIN WISSEN AN SIE
WEITERGEBEN.«

»ES MACHT EBEN AUCH
EINEN ANDEREN EINDRUCK,
WENN MAN VOR DEN BILDERN STEHT,
ALS WENN DIESE LEDIGLICH
VON EINEM
BEAMER
PROJIZIERT WERDEN.
MAN BEKOMMT EINEN GANZ
ANDEREN EINDRUCK.

DAS IST FÜR MICH
DER WICHTIGSTE UNTERSCHIED
ZUR SCHULE.«

BARBARA WELZEL

DENKWERKSTATT MUSEUM

Die Kunstsammlung Nordrhein-Westfalen galt seit ihrer programmatischen Gründung im Jahr 1961 als »Heimliche Nationalgalerie«. Die Stiftung datiert in das Jahr des Mauerbaus, die ersten Sammlungsjahre in die Zeit der Frankfurter Auschwitzprozesse. Das Museum verkörpert den Aufbruch der westdeutschen Nachkriegszeit in herausragender Weise: den unbedingten Aufbauwillen, in Deutschland kulturelle Orte zu schaffen, an denen Werke von im Dritten Reich verfemten Künstlern eine Heimstatt finden konnten und hier künftig öffentlich Wertschätzung erfahren und zugänglich sein sollten. In der Kunstsammlung Nordrhein-Westfalen sollten Werke nationaler wie internationaler moderner und zeitgenössischer Kunst gesammelt und präsentiert werden, um in Deutschland nach den Museumsplünderungen durch die Aktion »Entartete Kunst« und die gewaltsame Beschränkung der Kultur während des Dritten

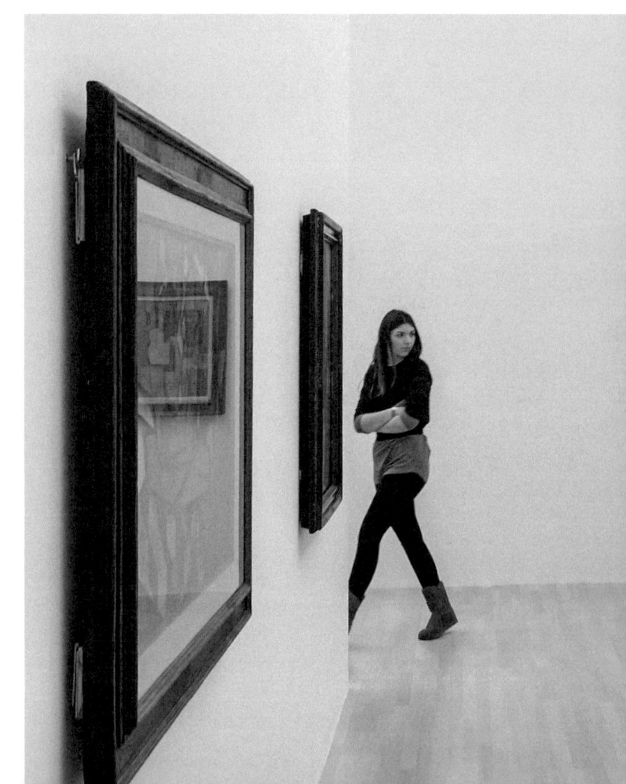

Reiches eine öffentliche Sammlung zu schaffen, in der Kunst des 20. Jahrhunderts – und inzwischen ebenfalls des 21. Jahrhunderts – in ihrem Reichtum und ihrer Vielfalt aufsuchbar und verhandelbar sein sollte. Auch seit sich in den letzten Jahrzehnten die Sammlungstopographie von moderner und zeitgenössischer Kunst in Deutschland deutlich verändert hat, bleibt die Kunstsammlung Nordrhein-Westfalen ein unverwechselbares Museum. Die Kunstsammlung Nordrhein-Westfalen ist ein bedeutender Kunst-Ort; sie ist zugleich ein Erinnerungsort deutscher Geschichte und Kulturpolitik, der als solcher in der Verantwortung steht Zukunft mitzugestalten. Sie ist drittens ein Demokratie-Ort, an dem sich die grundgesetzlich garantierte Freiheit der Kunst ereignet und verstehen lässt.

Aus dieser Bewertung ergeben sich Konsequenzen: Es scheint geboten, dass jede/r, die/der Kunstgeschichte in Deutschland studiert, um diese Sammlung weiß – und mindestens alle Kunstgeschichtsstudierenden nordrhein-westfälischer Universitäten sich dieses Museum (neben anderen Sammlungen, auch jeweils in der eigenen Stadt) erschließen. Eine besondere Bedeutung kommt denjenigen Multiplikatoren zu, denen in der gesellschaftlichen Arbeitsteilung die Vermittlung von Kunst und ihren Insti-

tutionen an junge Menschen anvertraut ist: den Lehrerinnen und Lehrern. Allein die Institution Schule erreicht herkunftsunabhängig alle jungen Menschen; sie ist der Ort, an dem für Alle demokratische Teilhabe eröffnet werden kann – und muss. Folgerichtig gehört die Kunstsammlung Nordrhein-Westfalen mindestens in Nordrhein-Westfalen in den kunsthistorischen Kanon des Lehramtsstudiums Kunst – so jedenfalls argumentiert die Kunstgeschichte an der Technischen Universität Dortmund und hat seit mehr als einem Jahrzehnt dieser Sammlung in ihren Studiengängen einen verbindlichen Platz zugewiesen. Niemand legt in Dortmund ein Lehramtsexamen für das Fach Kunst ab, der oder die sich nicht in der einen oder anderen Form mit der Kunstsammlung Nordrhein-Westfalen befasst hat und sich – so das »mission statement« – diese Sammlung auf eine Weise erschlossen hat, dass sie oder er Anderen einen Zugang eröffnen kann. Und als Vision kultureller Teilhabe und demokratischer Inbesitznahme: Niemand besucht in Nordrhein-Westfalen eine Schule, ohne dass ihr oder ihm die Kunstsammlung Nordrhein-Westfalen gezeigt wird.

Die »Denkwerkstatt Museum« bedeutet aus Sicht der Universität »Kunstgeschichte in Echtzeit«.[1] Dieses Konzept meint, als Kunsthistoriker/in bzw. Kunstvermittler/in selbst eine Rolle im Fach und seinem fachlichen Verantwortungshorizont zu verkörpern – auch und gerade bereits im Studium. Statt eines Referates zu einem Werk im Seminarraum – der gewissermaßen »klassischen« Form in einem kunsthistorischen Seminar – wird eine alternative Aufgabe für einen Leistungsnachweis gestellt: einer Gruppe von Schülerinnen und Schülern dieses Kunstwerk zu vermitteln.[2] Benötigt wird dieselbe Recherche, doch wird die Auswahl der Informationen sogleich einer Be-

<hr>

1 Zum »Arbeiten in einer Denkwerkstatt« vgl. den Text von Niklas Gliesmann in diesem Band.

wertungsprobe unterzogen: Was ist warum von Bedeutung zum Verständnis des Werkes? Überhaupt gilt es, das Werk selbst aufzusuchen: ins Museum gehen, dort studieren – im Dialog zwischen Beobachtung, Bibliothek und Internetrecherche. Das Museum wird als fachliches Laboratorium in Anspruch genommen, Autopsie als Ausgangspunkt fachlichen Handelns eingeübt: Welche Rolle spielen Material, Format, sinnlich wahrnehmbare Eigenschaften und Überlieferungsspuren für den Erkenntnisgewinn? Und welche Forschungsinformationen erschließen welche Sinnpotenziale? Was leistet Wissenschaft für die Begegnung mit einem Werk?[3] »Kunstgeschichte in Echtzeit« verlangt eine Auseinandersetzung mit fachlichen Legitimationsstrategien: Warum sind das Fach und seine Gegenstände von Bedeutung in der gesellschaftlichen Selbstverständigung? Warum spielen sie in Bildungskontexten eine Rolle – und zwar weit mehr, als dies gegenwärtig an Schulen in Deutschland eingelöst wird?[4] Zum Kanon kunsthistorischer Lehre – sei es an Uni-

versitäten, sei es an Schulen – gehören, so lässt sich mit gutem Grund fordern, die kulturellen Menschenrechte.[5] Ein Museum wie die Kunstsammlung Nordrhein-Westfalen Schüler/innen zu erschließen, die und deren Eltern nicht zu den »klassischen« Museumsbesuchern gehören, ist vor der Folie verbindlicher Teilhabe-Konventionen nicht verhandelbar: Es ist schlicht Teil des öffentlichen Bildungsauftrags. Zur Debatte steht das Wie.

Im März 2015 hat sich Wolfgang Ullrich in der »Zeit« mit einem polemischen Artikel »Stoppt die Banalisierung« zu Wort gemeldet.[6] Schon 2010 hatte Holger Noltze für Musik und Musikvermittlung die »Leichtigkeitslüge« angeprangert und die zugespitzte Formulierung von den »furchtbaren Vermittlern« geprägt.[7] Eindringlich appelliert Noltze einerseits für die Eröffnung von Teilhabe, um das kulturelle Überlieferungsgewebe nicht reißen zu lassen, und andererseits gegen Simplifizierungen, die den Werken, die vermittelt werden sollen, nicht ge-

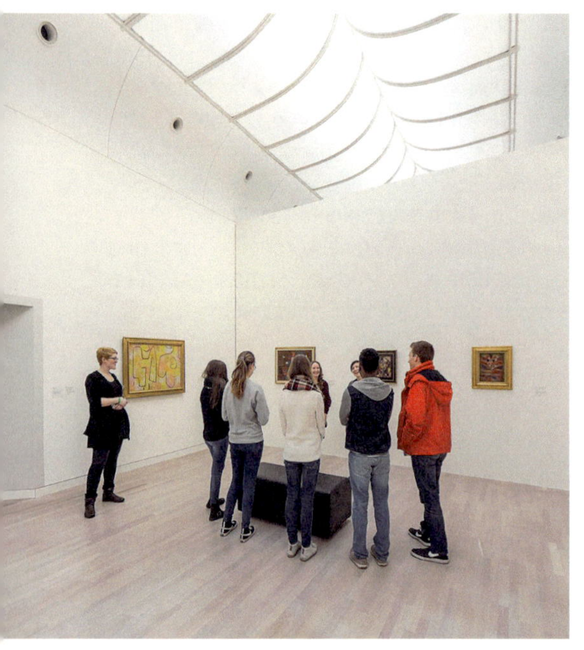

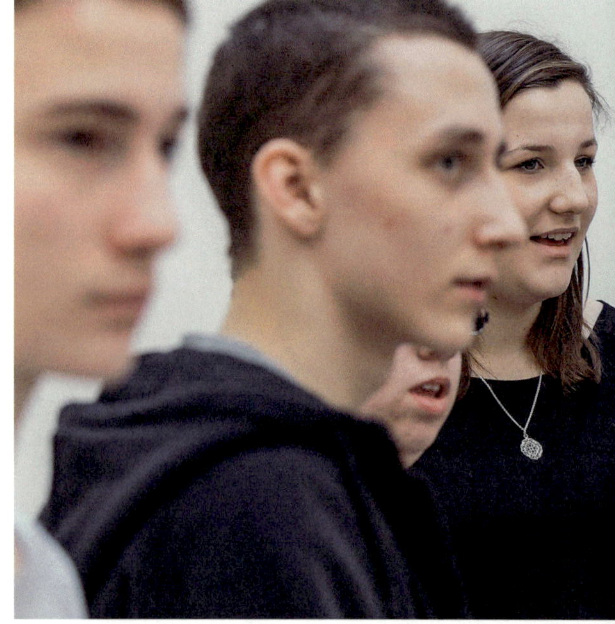

recht zu werden vermögen und daher eher den Zugang verstellen. Wolfgang Ullrich leistet nun die dringend ausstehende Übertragung in den Bereich der Kunstvermittlung, die er in weiten Bereichen ihrer Praxis als missionarische Fortschreibung einer kunstreligiösen Haltung bewertet: »Niemand, wirklich niemand soll von der Beschäftigung mit Kunst ausgeschlossen werden. Das aber erinnert an die Tradition christlicher Missionskultur. Wie es in ihr darum ging, jedem Menschen, egal, wo und wie sozialisiert, die Chance zu geben, Gottes Wort kennenzulernen, will man heute ausnahmslos alle mit Kunst erreichen. Und wie der erfolgreich Missionierte ewiger Verdammnis entgehen kann, glaubt man auch im Fall der Kunst daran, dass durch ihre Vermittlung viel Gutes passiert [...].«[8] Ullrich unterstreicht seine Ausführungen mit Forschungsergebnissen zur paradoxen Wirkung solcherart Kunstvermittlung: »So weist die Kunstsoziologin Kathrin Hohmaier in einer jüngst publizierten Studie nach, was

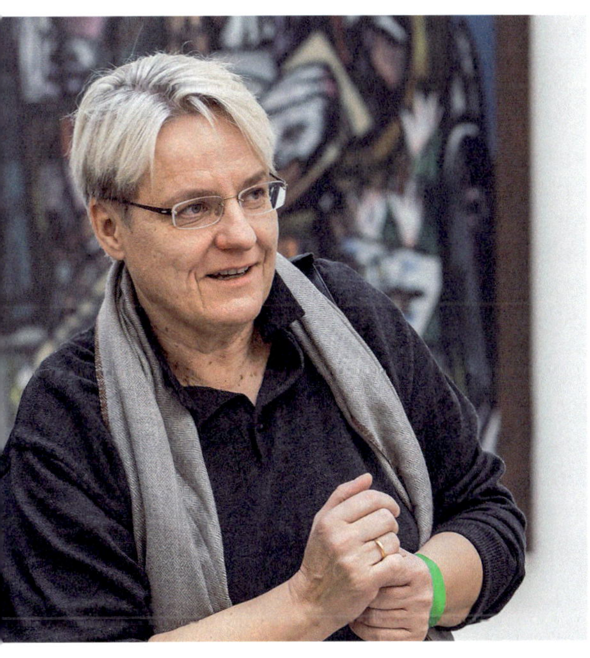

2 Vgl. die Texte von Studierenden des Masterstudiengangs »Kulturanalyse und Kulturvermittlung« in diesem Band, die im Winter 2014/15 die »Denkwerkstatt Museum« in einem kunstwissenschaftlichen Projektseminar begleitet haben. Zu diesem Studiengang: Gudrun M. König/Holger Noltze/Barbara Welzel, Kulturvermittlung bedarf der Kulturanalyse. Masterstudiengang »Kulturanalyse und Kulturvermittlung« an der Technischen Universität Dortmund, in: Kulturpolitische Mitteilungen 136, I/2012, S. 68. Das Konzept »Lernen durch Lehren« prägt auch seit 2007 die kunsthistorische KinderUni der TU Dortmund; vgl. Barbara Welzel (Hg.), Weltwissen Kunstgeschichte. Kinder entdecken das Mittelalter in Dortmund (Dortmunder Schriften zur Kunst/Studien zur Kunstdidaktik 10), Norderstedt 2009.

3 Hier geht es mit anderen Worten um eine methodisch und theoretisch reflektierte objektbasierte Lehre. Das Seminar für Kunst und Kunstwissenschaft hat gemeinsam mit dem Lehrstuhl für Geschichte und Theorie der Architektur für die TU Dortmund 2013–2016 eine Förderung des Programmes »SammLehr – An Objekten lehren und lernen« der Stiftung Mercator einwerben können. Hier werden im Projekt »Planvoll« Modelle der Lehre an den Beständen des Archivs für Architektur und Ingenieurbaukunst NRW (A:AI) der TU Dortmund entwickelt; eine Publikation wird vorbereitet. Zu nennen ist auch das SammLehr-Projekt »Laboratorium der Objekte« an der Universität Jena mit seiner von Steffen Siegel und Kerrin Klinger herausgegebenen Schriftenreihe »Laborberichte«.

4 Stellvertretend: Klaus-Peter Busse, Kunst unterrichten. Die Vermittlung von Kunstgeschichte und künstlerischem Arbeiten (Dortmunder Schriften zur Kunst/Studien zur Kunstdidaktik 14), Norderstedt 2014; Ludwig Tavernier, Hilfswissenschaft oder Bildungsfach. Überlegungen zur Rolle der Kunstgeschichte im Schulunterricht, in: Claudia Hattendorff/Ludwig Tavernier/Barbara Welzel (Hg.), Kunstgeschichte und Bildung (Dortmunder Schriften zur Kunst/Studien zur Kunstgeschichte 5), Norderstedt 2013, S. 15–23. Vgl. auch Klaus Krüger und Karin Kranhold, Bildung durch Bilder. Ein Erfahrungsbericht zur interdisziplinären Vermittlung kunstwissenschaftlicher Kompetenzen im Schulunterricht, ebd., S. 87–100.

5 Barbara Welzel, Kunstgeschichte, Bildung und kulturelle Menschenrechte. In: Hattendorff/Tavernier/Welzel (Hg.): Kunstgeschichte und Bildung (wie Anm. 4), S. 63–84. Stellvertretend hervorgehoben sei die Konvention von Faro des Europarates: Council of Europe Treaty Series – Nr. 199; im Internet leicht zugänglich, etwa über die Liste der Konventionen des Council of Europe: »conventions.coe.int/«; eine vorläufige deutsche Übersetzung als Download auf der Seite des Deutschen Nationalkomitees für Denkmalschutz (www.dnk.de).

6 Wolfgang Ullrich, Stoppt die Banalisierung, in: »Die Zeit« Nr. 13 vom 26.3.2015; http://www.zeit.de/2015/13/kunstvermittlung-museum (letzter Zugriff 21.5.2015).

7 Holger Noltze, Die Leichtigkeitslüge. Über Musik, Medien und Komplexität, Hamburg 2010.

8 Ullrich 2015 (wie Anm. 6).

man bereits befürchten musste, nämlich dass Kunstvermittlung sogar negative Auswirkungen zeitigen kann. Im untersuchten Fall ging es darum, Jugendlichen ohne abgeschlossene Berufsausbildung und ohne Erfahrung mit Museen einen Zugang zu moderner Kunst zu bahnen. Allerdings entwickelten sie während des Vermittlungsprogramms ›ein hochgradig präsentes Gefühl der sozialen Exklusion im musealen Raum‹ – und schließlich fanden sie moderne Kunst noch sinnloser als zuvor, es wuchsen ›ihre Vorurteile ihr gegenüber‹. Hohmaier vermutet, dass die Kunstvermittler sich ihrer Zielgruppe zu sehr anpassten: Statt den Jugendlichen Wissen oder Interpretationen zu den Werken zu bieten, beschränkten sie sich darauf, sie, ausgehend von Exponaten, selbst malen zu lassen. Damit aber wurde ihnen ›ihre eigene Bildungsferne […] noch stärker ins Bewusstsein gerufen‹.«[9] Man wird Ullrich in seiner Kritik an einer Kunstvermittlung, die nicht auf Aufklärung, sondern auf trivialisierte »Läuterung« durch Kunst setzt, nur zustimmen können – und ergänzen müssen, dass seine Vorwürfe auch zahlreiche Positionen von Kunstpädagogik und Kultureller Bildung treffen.[10] Nicht folgen kann man Ullrich aber – so eine an kulturellen Menschenrechten orientierte Gegenrede –, wenn er fortfährt: »Kunstvermittlung konnte sich auch deshalb widerstandslos durchsetzen, weil kein Museumsdirektor in den Verdacht geraten will, minderheitenfeindlich zu sein. Dabei ist dieser Verdacht alles andere als gerechtfertigt. Übertragen auf andere Bereiche hieße das, auch dann Diskriminierung zu unterstellen, wenn jemand meint, Senioren brauchten sich nicht mit Musik von Jugendlichen zu beschäftigen oder für Leute ohne Schulabschluss sei höhere Mathematik zu schwierig. Tatsächlich wird sonst überall akzeptiert, dass manchen die Voraussetzungen für bestimmte Gebiete fehlen. Warum sollte das nur im Fall der Kunst anders sein? […] [Es] sollte endlich auch für die Kunstvermittlung eine Diskussion darüber beginnen,

wie weit man mit dem Anwerben von Zielgruppen gehen kann.«[11] Hier wird der Versuch erst gar nicht unternommen, eine Kunstvermittlung zu entwickeln, die den Ansprüchen von Aufklärung, der Verwirklichung kultureller Menschenrechte und den Forderungen nach Bildungsgerechtigkeit genügen kann. Damit aber läuft eine solche Position Gefahr, das zu betreiben, was Soziologen die Selbstexklusion der Eliten nennen.

Die »Denkwerkstatt Museum«, die in diesem Band vielstimmig vorgestellt wird, geht anders vor. Und sie setzt anders an. Sie zielt im gemeinsamen Handeln von Universität, Schule und Museum auf die Vermittlung des Museums – am konkreten und begründeten Beispiel der Kunstsammlung Nordrhein-Westfalen, aber gleichwohl mit einer Emphase für die Institution, die Pierre Rosenberg, der langjährige Direktor des Louvre, in folgende Worte gefasst hat: »Ich liebe das Museum, nicht dieses einzelne, sondern Das Museum im übergeordneten Sinn, alle Museen.«[12] Erläutert wird den Schüler/innen – und auch den Studierenden –, die an der »Denkwerkstatt Museum« teilnehmen, dass sich die Veranstalter/innen in der Verantwortung sehen, ihnen die Institution Museum und konkret die Kunstsammlung Nordrhein-Westfalen zu zeigen. Die Vermittler/innen verkörpern explizit ihren Auftrag, Teilhabe zu eröffnen. Sie verstehen sich als Botschafter. Bewusst wird ausgesprochen: Niemand muss diesen Ort mögen, niemand muss wiederkommen wollen. Aber um dies selbst entscheiden zu können, muss man um diesen Ort erst einmal wissen. Deshalb nehmen sich die Vermittler/innen selbst in die Pflicht, das Museum vorzustellen und zu zeigen. Sie berichten von der Gründungsgeschichte der Kunstsammlung Nordrhein-Westfalen, vom Auftrag dieser Sammlung und zeigen ausdrücklich, dass das Museum unterschiedliche Werke vorhält; von Seiten der Institution, der Politik oder einzelner gesellschaftlicher Gruppen wird keine Zensur verübt. Vielleicht wird nicht immer alles in den Schausammlungen dem allgemeinen Publikum gezeigt – Museen haben immer Depots und erlauben Latenzen –, aber nichts wird vernichtet oder ausgesondert. Museen in diesem Verständnis repräsentieren Demokratie: Sie erlauben ihren Besucher/innen, selbst Vorlieben zu entwickeln. Sie ermöglichen auch, dass eine Besucherin/ein Besucher Werke ablehnt, die dann gleichwohl öffentlich ausgestellt bleiben – nicht zuletzt, um genau diese Meinungsbildung zu ermöglichen. Museen setzen weiterhin den Verständnishorizont der jeweiligen Generation, der sie anvertraut sind, nicht absolut, sondern erlauben es späteren Generationen, vielleicht ganz andere Werke aus dem überlieferten Fundus zeigen und debattieren zu wollen.

Junge Menschen tragen – befragt man sie nach ihrer Orientierung, ihren Wegemarken und ihrer Lebenswelt-Kartographie – öffentliche Gebäude wie Museen, Theater und Opernhäuser, Bibliotheken, aber auch Rathäuser, Parlamentsgebäude etc. in aller Regel nicht ein in ihre Karten der Städte oder Länder, in denen sie leben. Diese Orte überhaupt auf dem Radar aufscheinen zu lassen, ist Bildungsaufgabe.[13] Die »Denkwerkstatt Museum« beteiligt sich daher an der Kartierung öffentlichen Raumes; sie ist Anlass, zunächst die Kunstsammlung Nordrhein-Westfalen in das Bild einzutragen, das sich junge Menschen von der Welt, in der sie leben, machen – und davon ausgehend, auch andernorts Museen aufzufinden sowie als öffentliche und gesellschaftlich verantwortete Orte zu verstehen. Während die Museumspädagogik jene Zielgruppen erreicht, die die Schwelle in die Institution überschritten und die mithin ein Museum bereits in ihre Lebenswelt-Karte eingetragen haben, hat Schule einen Bildungsauftrag für Alle. Hier arbeiten, wenn dieser Bildungsauftrag umfassend erfüllt wird, junge Menschen an ihrer Kartographie. Zunehmend mahnt in diesem Kontext die Kunstgeschichte – nicht nur in Deutschland – an, dass ihr und ihren Gegenständen angemessener Raum in den schulischen Bildungsplänen eingeräumt wird. Gescheitert ist Ende der 1970er Jahre in Nordrhein-Westfalen offenbar an der Beharrungskraft schulischer Traditionen der richtungsweisende Versuch, Kunstgeschichte als eigenes Schulfach einzurichten – ein Anliegen, das europaweit von Kunsthistoriker/innen mit Nachdruck und aus guten Gründen auf die Agenda gesetzt wird.[14] Dahin aber ist es offenbar noch ein weiter Weg. Umso wichtiger sind Projekte einer Verantwortungsgemeinschaft zwischen Universität, Schule sowie Museum. Die »Denkwerkstatt Museum« bietet ein über mehrere Jahre erfolgreich erprobtes Modell.

9 Ebd.; vgl. Kathrin Hohmaier, »Hässlich wie ein modernes Kunstwerk«. Die Praxis eines Kunstvermittlungsprojektes für museumsferne Besuchergruppen, in: Dagmar Danko/Olivier Moeschler/Florian Schumacher (Hg.), Kunst und Öffentlichkeit, Wiesbaden 2015, S. 167–186.

10 Als kritische Bestandsaufnahme aus Sicht der Kunstgeschichte: Claudia Hattendorff, Konvergenzen und Divergenzen zwischen Kunstgeschichte und Kunstpädagogik heute. In: Hattendorff/Tavernier/Welzel (Hg.), Kunstgeschichte und Bildung (wie Anm. 4), S. 37–47; nicht ganz so kritisch fällt leider aus: Rat für Kulturelle Bildung (Hg.), Alles immer gut. Mythen kultureller Bildung, Essen 2013.

11 Ullrich 2015 (wie Anm. 6).

12 Pierre Rosenberg, Kunstgeschichte unterrichten? In diesem Band S. 60–77 hier S. 61. Vgl. auch den Beitrag von Sarah Hübscher in diesem Band.

13 Barbara Welzel, »Stadtschlenderer« im Museum – Die Kunsthalle Karlsruhe als Laboratorium baukultureller Bildung, in: Bauen und Zeigen. Ausstellungskatalog Kunsthalle Karlsruhe 2014, Bielefeld 2014, S. 295–301; als Studie zur Raumorientierung Jugendlicher: Wüstenrot Stiftung (Hg.), Stadtsurfer, Quartierfans & Co. Stadtkonstruktionen Jugendlicher und das Netz urbaner öffentlicher Räume. Bearbeitet vom Studio Urbane Landschaften, Berlin 2009.

14 Sidonie Engels, Kunstbetrachtung in der Schule. Theoretische Grundlagen der Kunstpädagogik im »Handbuch der Kunst- und Werkerziehung« (1953–1979), Bielefeld 2015, hier S. 23 mit weiteren Hinweisen; vgl. »Florentiner Appell. Ein starkes Zeichen für Europa. Kunstgeschichts-Unterricht in den Ländern der Union«, http://appeldeflorence.apahau.org; http://www.kunsthistoriker.org/florentiner_appell.html (letzter Zugriff 21.5.2015); Tavernier, Hilfswissenschaft oder Bildungsfach (wie Anm. 4) sowie den Beitrag von Pierre Rosenberg in diesem Band.

»NUMBER 32, 1950« ALS SCHLÜSSEL FÜR DIE DENKWERKSTATT

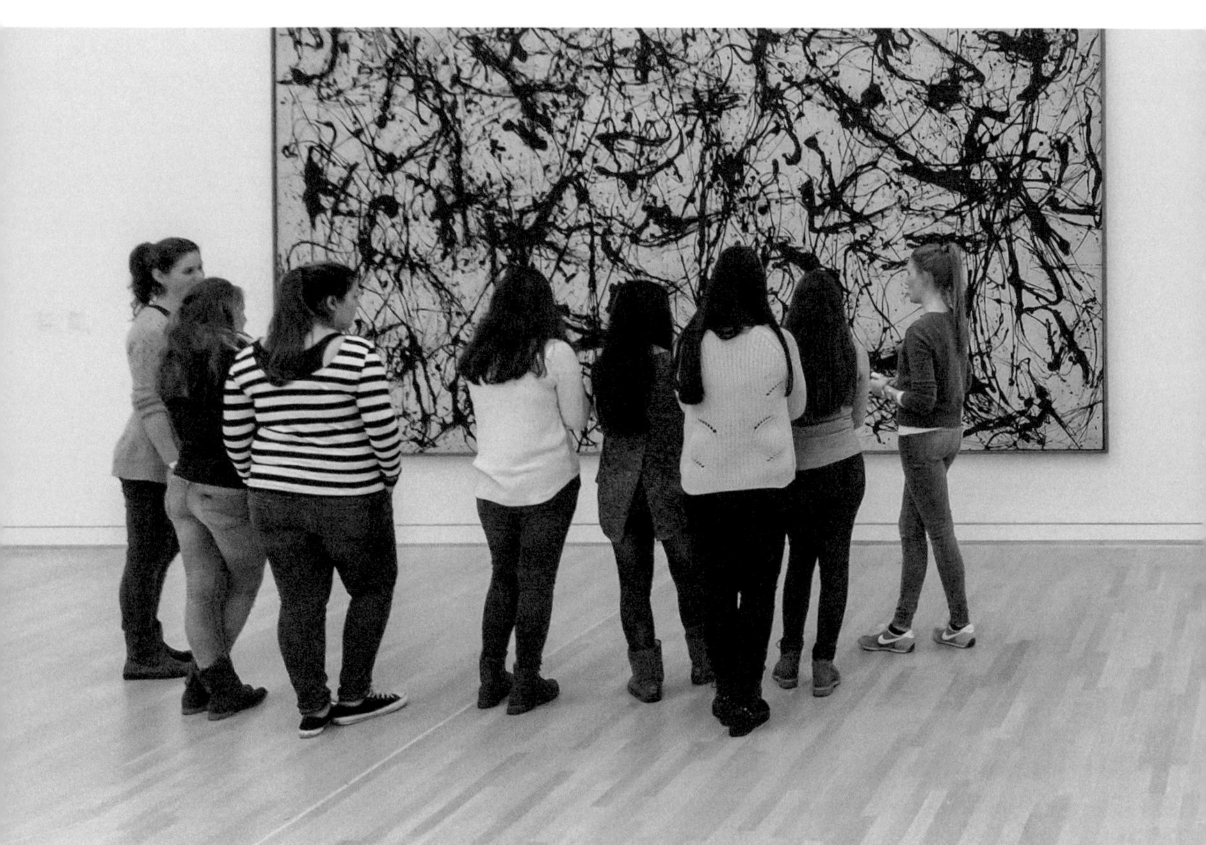

»Number 32, 1950« von Jackson Pollock ist ein Schlüssel für die »Denkwerkstatt Museum«. Gerade an diesem Gemälde, das einen Meilenstein der Kunst im 20. Jahrhundert markiert, erweist es sich als besondere Herausforderung, seine Bedeutung nicht nur als abstrakten Lernstoff zu vermitteln. Vielmehr ist es Ziel, die Schülerinnen und Schüler an eigenständige Beobachtungen heranzuführen.

Das großformatige Gemälde (269 x 457,5 cm) befindet sich in einem Raum mit weiteren großformatigen Werken amerikanischer Malerei. Auf diese Weise wird nicht unmittelbar erfahrbar, wie ungewöhnlich das Format zur Entstehungszeit 1950 noch immer war. Hierfür benötigt man den Vergleich mit früheren Gemälden – etwa von Ernst Ludwig Kirchner, Max Ernst oder Max Beckmann. Konnten diese ursprünglich noch in den Wohnräumen privater Sammler präsentiert werden, zielte Pollock unmittelbar auf die Institution Galerie oder Museum.

Bei längerem Betrachten weicht der Eindruck von spontanen Klecksspuren auf dem ungrundierten Nessel der Beobachtung, dass die Farbspuren in verschiedenen Phasen aufgebracht worden sein müssen: Immer wieder war die Farbe zwischenzeitlich getrocknet. Es gibt kein Zentrum, das Gespinst der Farbspuren lässt den Blick orientierungslos und ohne Halt. Schaut man noch genauer, kann man entdecken, dass der Malgrund augenscheinlich mit Farbe bespritzt und begossen wurde, als er am Boden lag: Nirgendwo ist flüssige Farbe herabgelaufen. Es lassen sich sogar Schuhabdrücke aufspüren, war der Maler doch bei seinem Dripping offenbar über den ausgebreiteten Nessel gelaufen.

Heute haben wir uns daran gewöhnt, dass Gemälde nicht nur auf der Staffelei geschaffen werden. Anders 1950: Da war ein solches Werk verstörend, revolutionär. Das ist jetzt mehr als zwei Generationen her. Und doch können wir die Irritation noch immer rekonstruieren. Die »klassische« Form eines Gemäldes ist uns noch immer vertraut. Ihr setzte Pollock sein »Number 32, 1950« entgegen. Er provozierte, indem er ein völlig neues, unbekanntes und allen Erwartungen widersprechendes Kunstwerk schuf, das die Betrachter mit einem deutlichen und un übersehbaren »Nein« zu ihren Sehgewohnheiten zu konfrontieren schien. »Number 32, 1950« brach mit Konventionen, als es keine bunten Farben anbot, keine identifizierbaren Formen und Gegenstände. Es besitzt keine Tiefe, keinen Vorder-, Mittel- oder Hintergrund. Es ist nicht im Zusammenhang mit dem seelischen Ausdruck des Künstlers, Emotionen und Empfindungen, seinen Lebensumständen oder Überzeugungen zu interpretieren. Nicht einmal einen erläuternden Titel gab Pollock dem Gemälde.

LEA HEMKER

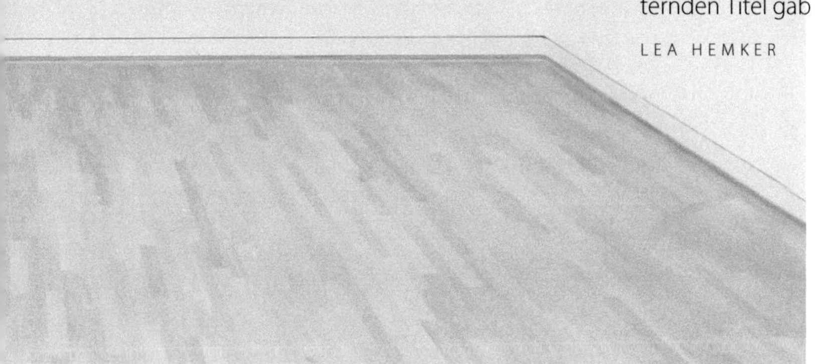

DAS SEHEN SCHULEN

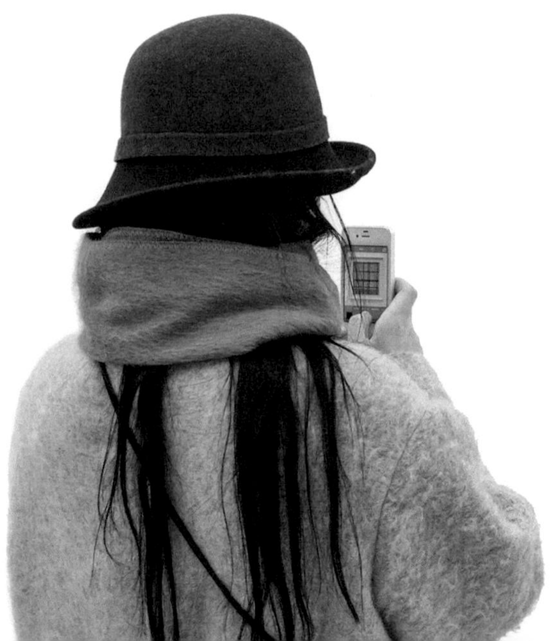

Es leuchtet unmittelbar ein, dass man ein Werk im Original detaillierter wahrnimmt, als wenn man es nur in einer Reproduktion sieht, etwa als vergleichsweise kleinformatige Abbildung in einem Buch. Im Schulalltag muss leider oft auf solche Reproduktionen zurückgegriffen werden. Umso lehrreicher ist jedoch ein Projekt wie das unsere, bei dem Schüler/innen vor Originale eingeladen werden.

Innerhalb von nur 15 Minuten – der Dauer einer Station vor einem Kunstwerk – spiegelte sich die Erfahrung in der Analyse des Werkes »Die Teetassen« von Juan Gris aus dem Jahr 1914 (65,4 x 92,3 cm) in den Reaktionen der Schüler/innen wider. In der Diskussion kamen wir

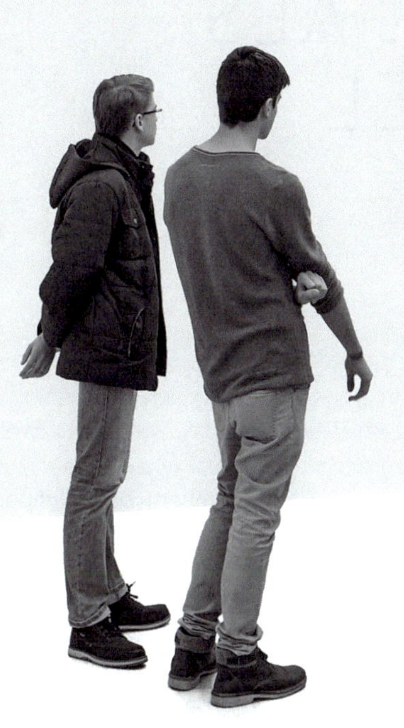

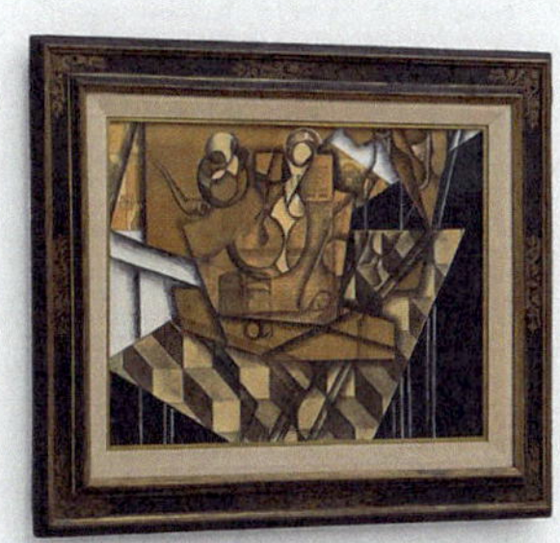

auf die Materialität zu sprechen, und ich bat die Gruppe, alle Materialen aufzuzählen, die sie ausmachen konnten. Oft war die mittig im Bild platzierte Zeitung der erstgenannte Punkt. Auffälligerweise wurde in fast allen Gruppen Widerspruch geäußert: die Zeitung sei sicherlich gemalt. Das nähere Herantreten und genaues Sehen brachten zweifelsfrei Aufschluss: Gris hatte tatsächlich eine Zeitung aufgeklebt. Aus der geringeren Distanz ergänzte die Gruppe dann selbstständig, dass es sich auch bei den braunen Bereichen um aufgeklebte Elemente,

nämlich Packpapier, und an anderer Stelle um Tapete handelte. Bei den schwarzen und weißen Flächen sind hingegen Pinselstriche auszumachen; außerdem scheint die Leinwand an manchen Stellen durch die Farbe hindurch.
Dass solche Details in einer Reproduktion ebenfalls zu sehen sind, ist unwahrscheinlich. Gerade bei Collagen wie dieser benötigt das Auge mehr Informationen zur genauen Wahrnehmung, wie zum Beispiel erhabene Grate am Rand der Zeitung oder die feine Struktur des Packpapiers. Der Wert des Originals für das Erkennen der Materialität ist deshalb unersetzbar, was den Schüler/innen anhand ihrer eigenen Erfahrung (hatten einige doch auf eine gemalte Zeitung getippt) bewusst wurde.

MAREIKE WEHNER

EIN GEMÄLDE VERRÄT MEHR ALS TAUSEND PIXEL

Den meisten Schülerinnen und Schülern sind expressionistische Gemälde nicht unbekannt. Oft werden sie in Form von Reproduktionen im Unterreicht behandelt. Mit Hilfe von Power-Point-Präsentationen wird die Abbildung eines Werkes unter anderem im Hinblick auf Fragen der Farbigkeit, des Farbauftrags und der Farbwirkung besprochen. Dabei bleibt jedoch unbeachtet, dass sich durch die Reproduktion auch die physikalische Struktur verändert. Die originale Farbigkeit eines Gemäldes lässt sich trotz hochentwickelter medialer Auflösung nicht reproduzieren, auch die Pixelung verändert das Bild. Die Seherfahrung durch den medialen Filter ist eine unvollständige. In den Sammlungsräumen des Museums wird daher die Differenz zwischen Vorerfahrungen mittels Reproduktionen und der Begegnung mit originalen Werken unmittelbar erlebbar.

Es erwies sich als Herausforderung für die »Denkwerkstatt«, das Gemälde »Zwei Frauen auf der Straße« (121,2 x 90,4 cm; 1914) von Ernst Ludwig Kirchner, einem bedeutenden Protagonisten der Moderne am Beginn des 20. Jahrhunderts, so zu vermitteln, dass Individuelles und Typisches wahrgenommen werden konnten. Als Ernst Ludwig Kirchner 1911 von Dresden nach Berlin übersiedelte, setzte er sich bewusst dem modernen Leben und dessen Tempo aus. Elektrische Straßenbeleuchtung, Hochbahnen, prachtvolle Geschäfts- und Einkaufsstraßen mit ihren Schaufenstern, aber auch katastrophale Lebensumstände in einer der größten Mietskasernenstädte Europas gehörten zum alltäglichen Erscheinungsbild. Die beiden Frauen, die das 1914 entstandene Gemälde auf ihrem Weg durch die Stadt einzufangen scheint, lassen sich zunächst anhand ihrer auffälligen Federhüte und ihrer Spitzkragenmäntel als elegante und vornehme Damen beschreiben. Was sich aufgrund des heute nicht mehr funktionierenden Dress-Codes und ohne historisches Kontextwissen kaum erkennen lässt: Es handelt sich um sogenannte Kokotten, Berliner Straßenprostituierte. Sie waren Teil des Großstadtlebens, allerdings seiner »Halbwelt«, besaß doch die Polizei das Recht, Passantinnen, die nachts ohne männliche Begleitung in der Stadt unterwegs waren, mit aufs Revier zu nehmen.

Kirchner fängt in seinem Bild den Augenblick einer flüchtigen Begegnung mit zwei dieser Damen ein. Anders als es der erste Anschein mit der nervösen Textur der Malerei vermuten lässt, ist Kirchners Gemälde jedoch nicht in einem Malakt mit schneller Geste entstanden. Basierend auf Skizzen und Zeichnungen, die er während seiner Streifzüge durch Berlin anfertigte, übertrug er in mehreren, wohl durchdachten Schritten die Geschwindigkeit und Offenheit der Skizze in Ölmalerei. Die fedrig, ausgefransten Konturen, der von dünn bis pastos changierende Farbauftrag sowie die schwarzen gra-

fischen Schraffuren vermitteln den Ausdruck erregter Unmittelbarkeit. Im Gegensatz zu Kirchners Gemälden, die in der Dresdner Zeit entstanden sind, ist die farbliche Gestaltung der Berliner Straßenszene trotz intensiver Farben – Grün, Rot, Rosa und Orange – insgesamt gedeckter.

Die Komplexität der Ausstellungssituation, in der sich das Originalwerk im Museum befindet, ermöglicht den unmittelbaren Vergleich. Was bei der Reproduktion auf der Strecke bleibt, wird hier im wahrsten Sinne des Wortes ersichtlich.

NATALIE ÇALKOZAN

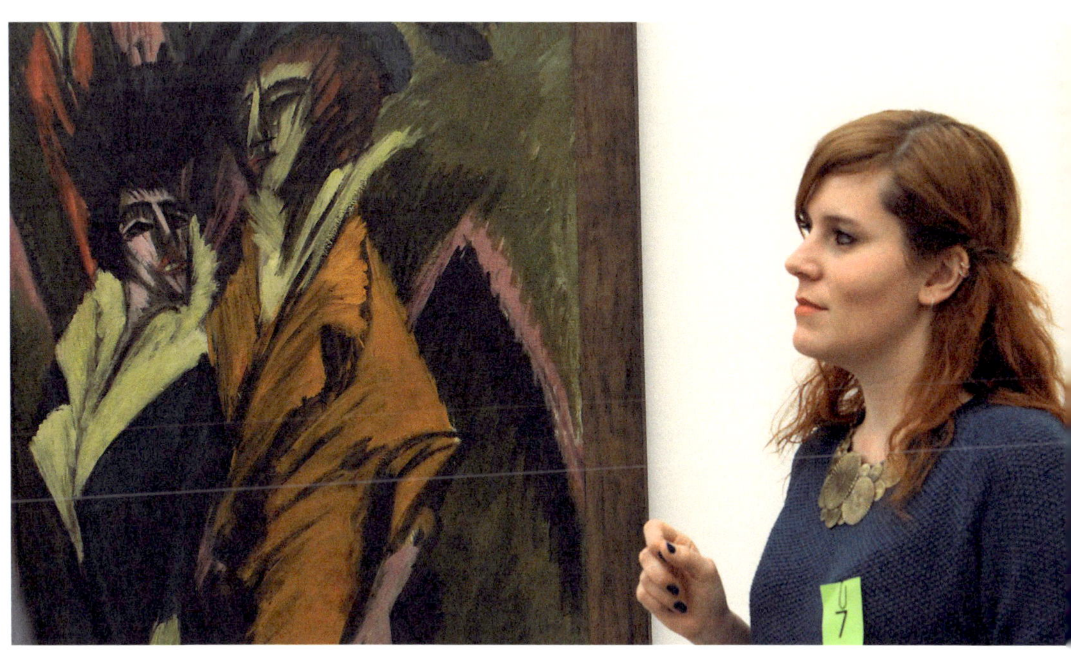

NIKLAS GLIESMANN

VOM ARBEITEN IN EINER DENKWERKSTATT

Die Begegnung zwischen Schülerinnen und Schülern der Gymnasien sowie den Studierenden in der Kunstsammlung Nordrhein-Westfalen (K20), in die das Projekt »Denkwerkstatt Museum« jeweils einmündet, fand in den letzten Jahren stets an einem Freitagvormittag in der ersten Schulwoche im Januar statt. 80–150 Personen trafen sich zunächst im Auditorium der Kunstsammlung; eröffnet wurde der Studienstart mit einer Begrüßung und Einführung sowohl durch Vertreter/innen der Kunstsammlung wie der Universität. Aufgeteilt in Gruppen ging es dann in die ständige Sammlung.

Zumeist wurde bei dieser ersten Begegnung die Frage gestellt, wer schon einmal ein Kunstmuseum besucht hatte. Etwa ein Drittel der im Schnitt 17-jährigen zeigte dann auf. Auf die Frage, wer bereits einmal in der Kunstsammlung Nordrhein-Westfalen gewesen sei, hob sich hingegen meist keine Hand.

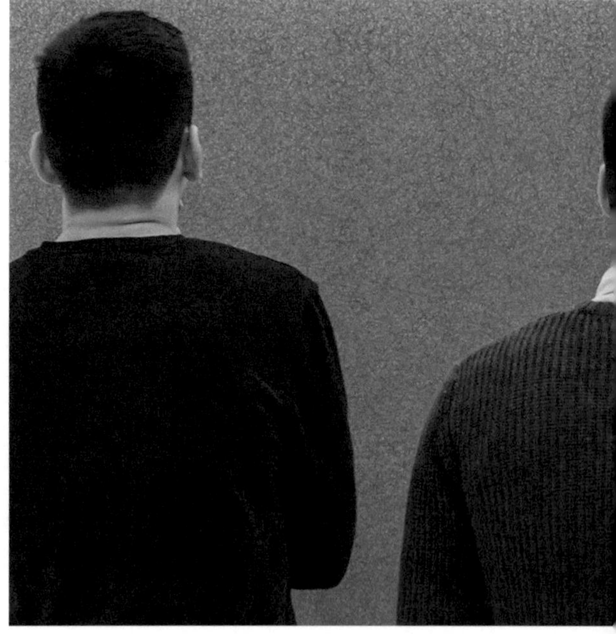

Rückblick auf den Semesterbeginn. Im Oktober startet an der TU Dortmund das Wintersemester. Die »Denkwerkstatt Museum« steht seit fünf Jahren als Seminar der Kunstgeschichte im Vorlesungsverzeichnis. Die erste Seminarsitzung mit den Studierenden ist dabei stets dem Erzählen über das Projekt, seine Ziele und die bisherige Umsetzung gewidmet. Die Aufgabe, Botschafter für Kunstwerke an Schülerinnen und Schüler der gymnasialen Oberstufe zu werden, steht für die Studierenden ebenfalls sofort im Raum. Auch in dieser Situation stelle ich oft die Frage, wer K20 schon besucht hat und in welchem Zusammenhang. Die Quote derjenigen, die sich melden, liegt meist etwas unter der Hälfte der Teilnehmenden. Die Bitte zu erklären, was man dort gesehen habe, beantworten dann oft weniger als eine Hand voll. Die meisten der Studierenden haben das Museum bei einem in die Erstsemestereinführung der Kunstgeschichte integrierten Museumsbesuch kennengelernt. Selten kann jemand aus der eigenen Schulzeit von einem Besuch in der Kunstsammlung Nordrhein-Westfalen berichten.

Schon in diesen ersten Begegnungen zeigt sich, dass die Entdeckungstour im Rahmen der »Denkwerkstatt Museum« für Schülerinnen und Schüler wie auch für die Studierenden in räumliches, thematisches und biografisches Neuland führen wird. Der Ort ist unbekannt, eine Vorstellung vom Konzept Museum existiert höchstens vage, kaum mitgebracht wird eine Vorstellung von dort ausgestellten Objekten – und dies alles ist anfangs selten mit Euphorie verknüpft. Die Kartografie zur Entdeckung des Neulandes habe ich über die Jahre als »das Objekt und der Ort, das Publikum und die Botschafter« benannt. Diese vier maßgeblichen strukturellen Faktoren der »Denkwerkstatt« prägen die gemeinsame Arbeit über dreieinhalb Monate bis hin zum gemeinsamen Studientag.

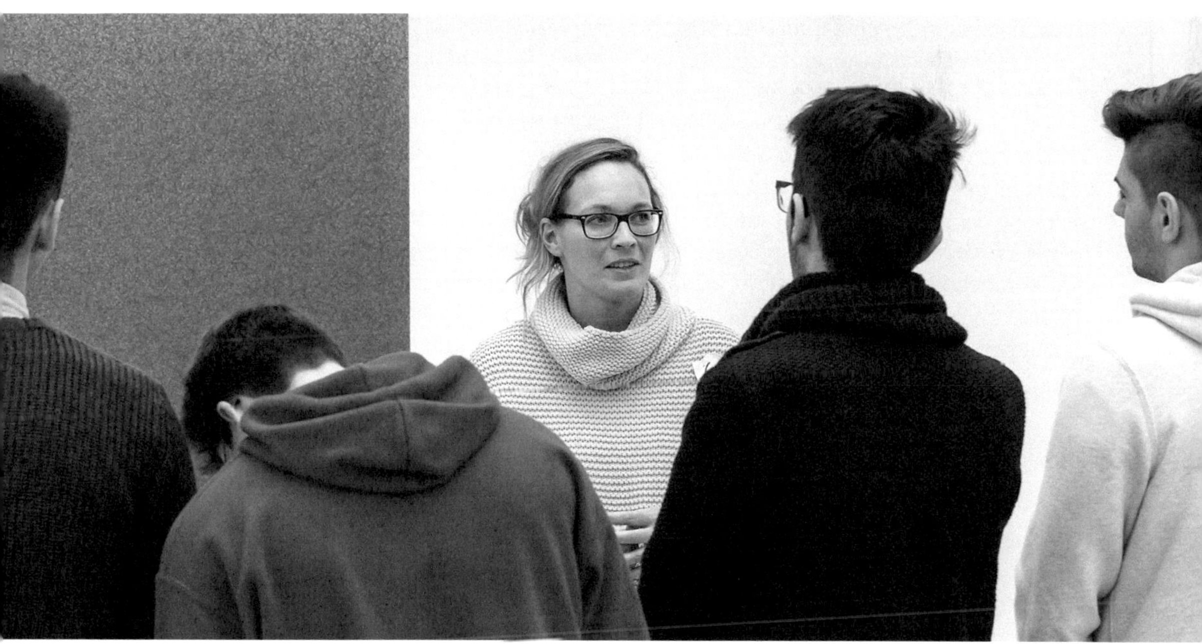

DAS OBJEKT
UND DER ORT

In der Einführungssitzung des Seminars wird die Objektverantwortung verteilt. In Abstimmung mit dem Hängungsplan des Museums (jeweils aktuell abgefragt für die Laufzeit des Projekts) werden Werke oder Werkgruppen ausgesucht, die die Teilnehmenden in thematischer Vorbereitung und Vermittlung übernehmen. Dies geschieht vorrangig nach Themenschwerpunkten, aber auch unter Berücksichtigung der für den Projekttag erwarteten Zahl der Schülerinnen und Schüler, wie nach Gesichtspunkten der Raumnutzung für die Großgruppe im Museum. Gleich zu Beginn wird auch die – immer als beunruhigend wahrgenommene – Vorgabe gemacht, dass Vermittlung in diesem Projekt ohne Notizen in der Hand stattfinden wird. Die Studierenden übernehmen dann rasch die Recherche zu den ihnen anvertrauten Werken und haben vorrangig die Aufgabe, einen Fundus von kunsthistorischen Themen zusammenzustellen, die in den Werken künstlerische Aufgabenstellungen sichtbar machen oder aktuelle wissenschaftliche Hypothesen benennen. Auch die Frage nach der Legitimation der ausgewählten Werke für die Vermittlung an Schülerinnen und Schüler wird aufgeworfen: Was bringt das Werk Geeignetes mit sich zur Erweiterung der Blickfelder des Kunstunterrichts? Welche Worte können auch komplexe Theorien und zugehörige Diskurse für die Schülerinnen und Schüler gut und sinnvoll beschreiben? Die Studierenden müssen sich breit informieren und sich zu Objektgeschichte, Thema und künstlerischer Position zunächst in ihrer Werkgruppe orientieren. Ergänzt wird diese erste Projektzeit durch Seminarsitzungen, in denen prägnante (kunst)historische Ereignisse des 20. Jahrhunderts aufgegriffen und einige ausgewählte künstlerische Positionen der Sammlung thematisiert werden.

Mit zwei ganzen Tagen der Arbeit vor Ort in K20 kommt der nächste Schritt. Die Studierenden betreten den räumlichen Kontext. Das Museum wird mit seiner spezifischen Atmosphäre zum Handlungsort, und schnell müssen die Studierenden aus der bekannten Rolle des konsumierenden Betrachters und für sich arbeitenden Entdeckers in die des produzierenden Vermittlers wechseln. Die Studierenden arbeiten dabei am Original – eine Entdeckung mit einer sich früher oder später ergebenden positiven Eigendynamik. Der Umgang mit »ihrem« Bild, seiner Materialität und seiner Geschichte wird zunehmend wichtig; die Verantwortung für diese Werke und ihre Räume prägt die Entwicklung der Vermittlungsidee. Damit die Eingewöhnung und Handlungsfähigkeit im White Cube der Kunstsammlung Nordrhein-Westfalen sich gut entwickeln können, ist es grundlegend, sich als ein Team von Vermittlern und Vermittlerinnen wahrzunehmen, das zusammenarbeitet. Dies ist wichtig, da die Studierenden während der späteren Präsentation ihre Standorte beibehalten, sich während der Präsentation nicht sehen und besprechen können, und die Schülerinnen und Schüler sich selbstständig zwischen den Standorten ihrer Vermittlerinnen und Vermittler bewegen. Der Museumsbau wird bald als großer Rahmen wahrgenommen, in dem eine Situation entsteht, in der Vermittlungspläne entwickelt werden müssen, die auf räumliche Abfolgen Rücksicht nehmen und im besten

Fall Erzählzusammenhänge schaffen, die sich von Station zu Station fortsetzen. Auch die Begegnungen mit den Mitarbeiterinnen und Mitarbeitern des Museums aus den Abteilungen Bildung und Vermittlung, Ausstellung und Wissenschaft sowie der Restaurierungsabteilung lenken den Blick auf den Museumsort als Ganzes und dessen vielfältige Aufgaben. Die Berichte der Beschäftigten im Museum eröffnen nicht selten Gedankenräume, die den kunsthistorischen Recherchen neue Nahrung geben und die das Spektrum eigener Vorbereitung nochmals erweitern.

DAS PUBLIKUM

Einer Gruppe vermittelnd gegenüber zu treten, erfordert eine Haltung, die die verschiedenen Faktoren einer Vermittlungssituation bewusst gestaltet. Die Situation im Raum benötigt Beobachtungsgabe, Bewegungsmanagement und Vermittlungsaktivität zugleich. Für die Studierenden ist die Benennung der prägenden und gleichzeitig stattfindenden Komponenten der Rede, des Körperausdrucks, des Raumes und der Beobachtung des Publikums oftmals eine Überraschung. Sich als Vermittelnde zu verstehen, deren Stimmlage und Stimmlautstärke die Situation maßgeblich generiert, trägt und lenkt, und die eine positive, räumliche, eigene Präsenz gegenüber dem Vermittlungsgegenstand einnehmen müssen, funktioniert meist erst nach einem ersten klaren Hinweis auf diese Aspekte und nach bewusster Übung. Die Vermittelnden müssen lernen dürfen, dass ihre Leistung darin besteht zu sprechen, ohne dem zu Zeigenden Aufmerksamkeit und Geltung zu nehmen. Damit geht nicht selten die Erfahrung einher, dass in den an diesen Tagen erstmals geprobten Vermittlungssituationen vor Kommilitonen auch Situationen entgleiten. Man verliert die Aufmerksamkeit oder hat sie gar nicht erst schaffen können, man ist selbst so räumlich präsent und konzentriert, dass man das Objekt zu zeigen vergisst oder ganz überspielt, man kämpft um die Sätze, und das kontinuierliche Denken stockt. So helfen anfangs verschiedene explizit angesprochene Hilfsmittel der Raumorientierung. Die Signale des Publikums müssen ebenso erkannt und angenommen werden, wie die Gruppenbewegung und die eigene Bewegung kanalisiert werden müssen. Auch gilt es, achtsam dafür zu werden, wie die freie Rede die Entwicklung der Gesprächsinhalte lenkt. Sehr bald wird von den Studierenden dann die Frage der angemessenen Sprache in der Kunstvermittlung gestellt. Zu erkennen, wie notwendig die gute Darstellung kunstgeschichtlicher Themen in einer Sprachform ist, die sich dem Publikum zuwendet, nimmt einen hohen Stellenwert in der Auseinandersetzung mit der gestellten Aufgabe ein. Dabei steht stets die Versuchung im Raum, eine subjektiv als schwer empfundene Kunstgeschichte durch simplifizierende Sprache oder vermeidende Wortwahl vermeintlich zu erleichtern. Dies verunklärt dann nicht selten die Sachverhalte und beschneidet die Botschaften, um einer im Vorhinein unterstellten Barriere zwischen Vermittelndem und Publikum vorauseilend aus dem Weg zu gehen. Hier erweist es sich als angebracht, die treffende wissenschaftliche Sprachlichkeit zu nutzen, um die Aussagen unzweideutig anzubieten und verständliche Erklärungen auf alternati-

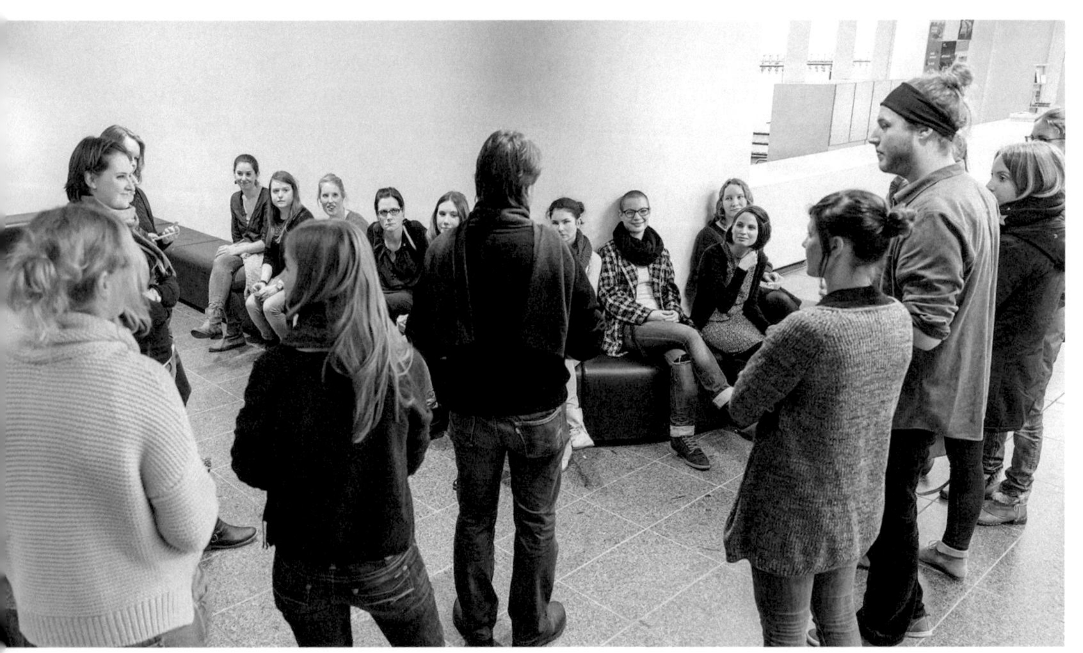

DIE BOTSCHAFTER

vem Weg zu versuchen, die mit Mitteln des Dialogs erfahrungsgemäß gut gelingen können. Dass damit einer großen Dynamik der Präsentation Raum gegeben werden muss, die es in der monologischen Vermittlung weit weniger gibt, ist ohne Zweifel ein Wagnis. Zugleich aber lässt sich darin auch eine große Verunsicherung der Studierenden aus der Erprobung der Vermittlungssituationen bewältigen: Was geschieht, wenn ich nicht alle Fragen beantworten kann? Die Veränderung des eigenen Blicks weg vom quantitativen Kommunizieren der lernbaren Informationen hin zur umgreifenderen qualitativen Denkweise der Inhalte und zu einer Form des konstruktiven Dialogs kann eine Gesprächssituation schaffen, die unvermeidbare Wissenslücken beherrschbar macht und diese Leerstellen nicht als defizitär bewerten muss.

Für die Studierenden erlangen mit zunehmender Sicherheit im sprachlichen Teil des Vermittlungsprozesses oft zwei inhaltliche Entdeckungen größere Bedeutung. Am materiellen Erhalt des Kulturerbes in K20 wurde bis heute gearbeitet und in ihn wird in der traditionellen und international kodifizierten Zielsetzung einer Museumssammlung auch weiter investiert, wenn das Haus seine institutionelle Aufgabe des Konservierens stetig umsetzt. Mit einem solchen Original im Feld des Kulturerbes arbeiten zu dürfen, ist die eine Entdeckung.

Als andere Entdeckung scheint, mit der ersten eng verknüpft, ein in den historischen Gegebenheiten und geltenden Erzählsystemen begründetes Gedächtnis der Dinge auf.[1]

In ihrer Rolle als Botschafter der Kunstwerke werden die Studierenden, für sie selbst unerwartet, Akteure der Überlieferung. Das Entdecken und Vermitteln-Dürfen eines historisch-materiell überlieferten Werks und seiner

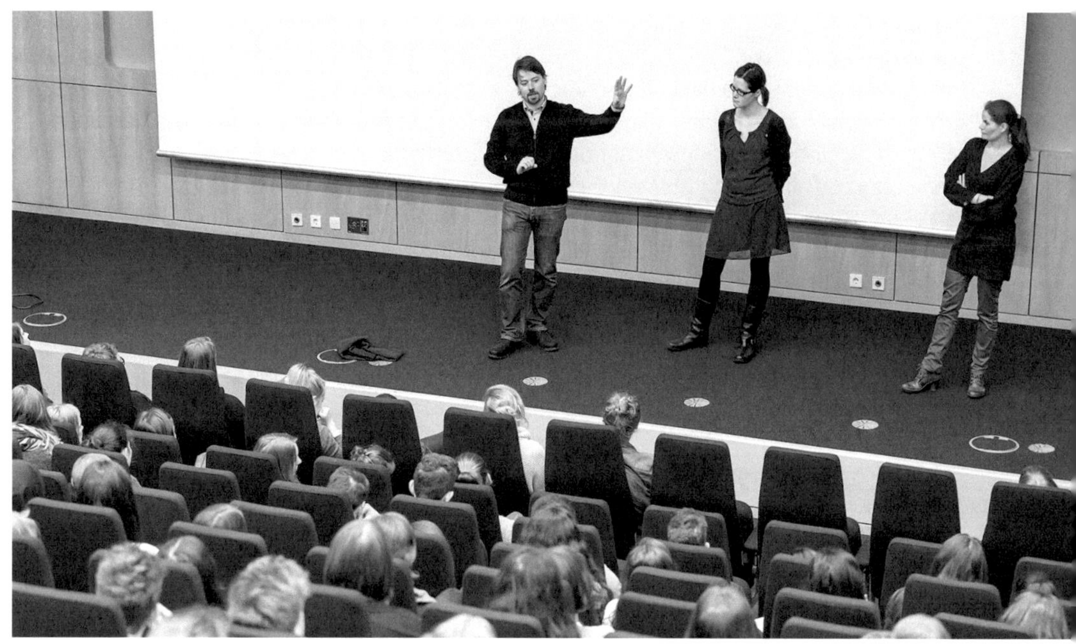

zugehörigen Entstehungs- und Rezeptionsgeschichte wird durch die Vermittlerinnen und Vermittler intensiv erfahren. In der Düsseldorfer Sammlung ist es möglich, die Entwicklung der Malerei im 20. Jahrhundert an ausgewählten bedeutenden Werken festzumachen und mit einer Komposition Wassily Kandinskys den Weg zur Abstraktion oder mit einem Schwammrelief von Yves Klein die veränderte Vorstellung vom Bild/Gemälde anzusprechen. Ein kleines Aquarell Paul Klees vergegenwärtigt beispielhaft die Zäsur der Aktion »Entartete Kunst« 1937 und deren weitreichende Folgen. Mit »Number 32, 1950« von Jackson Pollock kommt der US-amerikanische Aufbruch nach dem Zweiten Weltkrieg zur Sprache. Das reflektierte Reproduzieren gesammelten Wissens über das Kunstwerk erfährt stets neue Geltung in jeder der 15-minütigen Begegnungen mit je anderen Schülerinnen und Schülern. Das geschieht im gleichen Sinne wie die Sammlung in K20 nicht nur die sogenannte Moderne in Form der Objekte materiell versammelt, sondern ganz klar den

gesellschaftlichen und individuellen Blick Einzelner auf diese Moderne selbst gestaltet hat.[2] Eine solche aus der historischen Erinnerung generierte Bedeutung – sei sie aus dem kunsthistorischen Themenfundus oder aus den Gegebenheiten der Zeitläufte geschaffen – trägt sich durch das Erzählen der Studierenden und den Dialog mit dem Publikum in die Gegenwart. Die Wiedergabe des Wissens erfordert dabei eine moralische Genauigkeit, die fast einem Umgang mit der Geschichte einer Person gleicht. Diese Erkenntnis wird regelmäßig von den studentischen Teilnehmerinnen und Teilnehmern erlebt und als beeindruckend geschildert.

Die Auseinandersetzung mit dem Werk kann dabei selbstverständlich sehr unterschiedlich ausfallen, je nachdem welche Positionen der Beteiligten zum Tragen kommen, das heißt welches Erfahrungswissen und welche Beobachtungen beiderseits in die Dialogsituation eingespeist werden.[3] Ein Gemälde kann dann in der Gegenwart seine Aussagen oder Provokationen genauso – oder aber ganz anders – aufwerfen wie in den Zeiten zuvor. An diesem Punkt gehen das Verständnis und das Ziel der durchgeführten Vermittlung oft über die gewöhnlich erwartete Reproduktion von Bildinformationen hinaus, und es öffnen sich durchaus unerwartete Denkräume für andere neue Themenkreise. Es können demokratische Prozesse aus den Feldern der Wahrnehmung und der räumlichen Zugänglichkeit (oder aber zum im weitesten Sinne Partizipatorischen) in den Fokus geraten. Auch die Unvereinbarkeit oder die erarbeitete Dialogfähigkeit unterschiedlicher Positionen, die Entdeckung der Wertigkeit von historischen Quellen sowie die Möglichkeit, die eigene Versprachlichung reflektierend zu betrachten, sind erreichbare Themen.[4] Es treten also Lernthemen für Schülerinnen und Schüler wie für Studierende ins Bewusstsein, die zumeist anderen Fächern des schulischen Unterrichts wie Politik, Sozialwissenschaften, Geschichte oder den Philologien zugeordnet, aber zunächst nicht als dem Kunstunterricht und der Kunstgeschichte ebenfalls zugehörig erkannt werden. Wenn solche Bezugnahmen von Studierenden noch den eigenen Umgang mit dem im Projekt verantworteten Kunstwerk methodisch erweitern, indem auch eine Beziehung zu Werken und Themen, die andere Studierende als Botschafter verantworten, entdeckt wird, kann ein tragfähiges thematisches Netz der Kunst- und Kulturgeschichte des 20. Jahrhunderts entstehen. Die Sammlung wird dann als etwas Zusammenhängendes wahrgenommen, das nicht auf Zufälligkeiten basiert, sondern einer kuratorischen Logik des Sammelns, Zeigens und Thematisierens folgt, die das kulturelle Denken ermöglicht. Erinnerungswerte werden zukunftsfähig.

Das Seminar kann über diese wichtigen inhaltlich-thematischen Auseinandersetzungen hinaus eine weitere wichtige Aufgabe erfüllen. Im Denkraum des Museums findet eine Begegnung der Schülerinnen und Schüler mit Studierenden des Lehramtes Kunst statt, die jenseits der Institutionen Schule und Universität verortet wird, aber beiden Seiten das Einbringen ihrer dort erworbenen Kenntnisse und Erfahrungen ermöglicht. Die Schülerinnen und Schüler lernen das kunsthistorische Arbeiten kennen sowie die Denkweise und Fertigkeiten der Studierenden, deren Interessen und Herangehensweisen. Die Studierenden selbst erproben sich als Vermittelnde, also an der Grundlage des angestrebten Berufes als Lehrerinnen und Lehrer des Faches Kunst der unterschiedlichsten Schulformen oder als professionelle Kulturvermittler, und lernen Kenntnisstand, Sprache, Konflikte und Interessen der Schülerinnen und Schüler kennen. Die Begegnung findet statt, ohne dass die Institutionen durch Lehrerinnen und Lehrer oder Dozierende in der Projektpräsentation die Richtung der Gespräche vorgeben, ihre zweifellos möglichen großen Schatten darüber werfen, Erkenntnis lenken oder Aktivität begrenzen. Dieses Zusammenführen von miteinander agierenden Sprecher/innen und Hörer/innen der beiden Institutionen ist, gerade auch mit Blick auf die Zukunftsfähigkeit beider beteiligter Gruppen im Erzählraum der Kunstgeschichte, ein nicht zu überschätzender Anreiz und Gewinn für alle Seiten.

1 Vgl. zur Vermittlungsarbeit mit Kindern und Jugendlichen im Spannungsfeld von Kulturerbe und Kulturellem Gedächtnis auch Barbara Welzel (Hg.), Weltwissen Kunstgeschichte. Kinder entdecken das Mittelalter in Dortmund (Dortmunder Schriften zur Kunst/Studien zur Kunstdidaktik, 10), Norderstedt 2009.

2 Marion Ackermann, Silent Revolution. Eine Sammlung in Bewegung, in: Volkmar Billig/Julia Fabritius/Martin Roth (Hg.), Im Sog der Kunst. Museen neu denken, Köln/Weimar/Wien 2012, S. 87–105, hier S. 88.

3 Vgl. Ackermann (wie Anm. 2), S. 91.

4 Vgl. auch Stella Paul, 20th-century art at the Metropolitan Museum of Art. A resource for Educators, New York 1999.

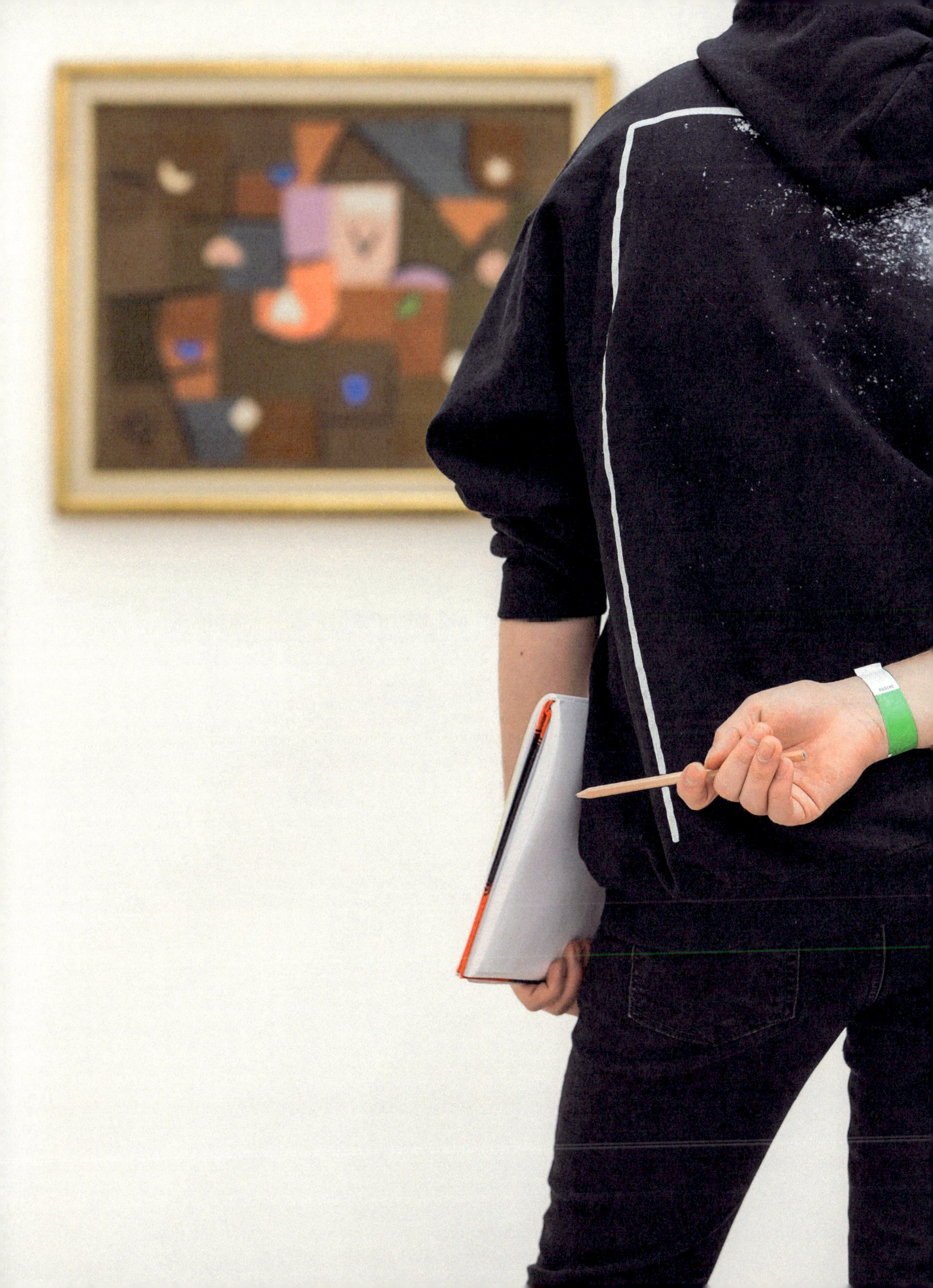

DEN WEG IN DIE ABSTRAKTION VERSTEHEN

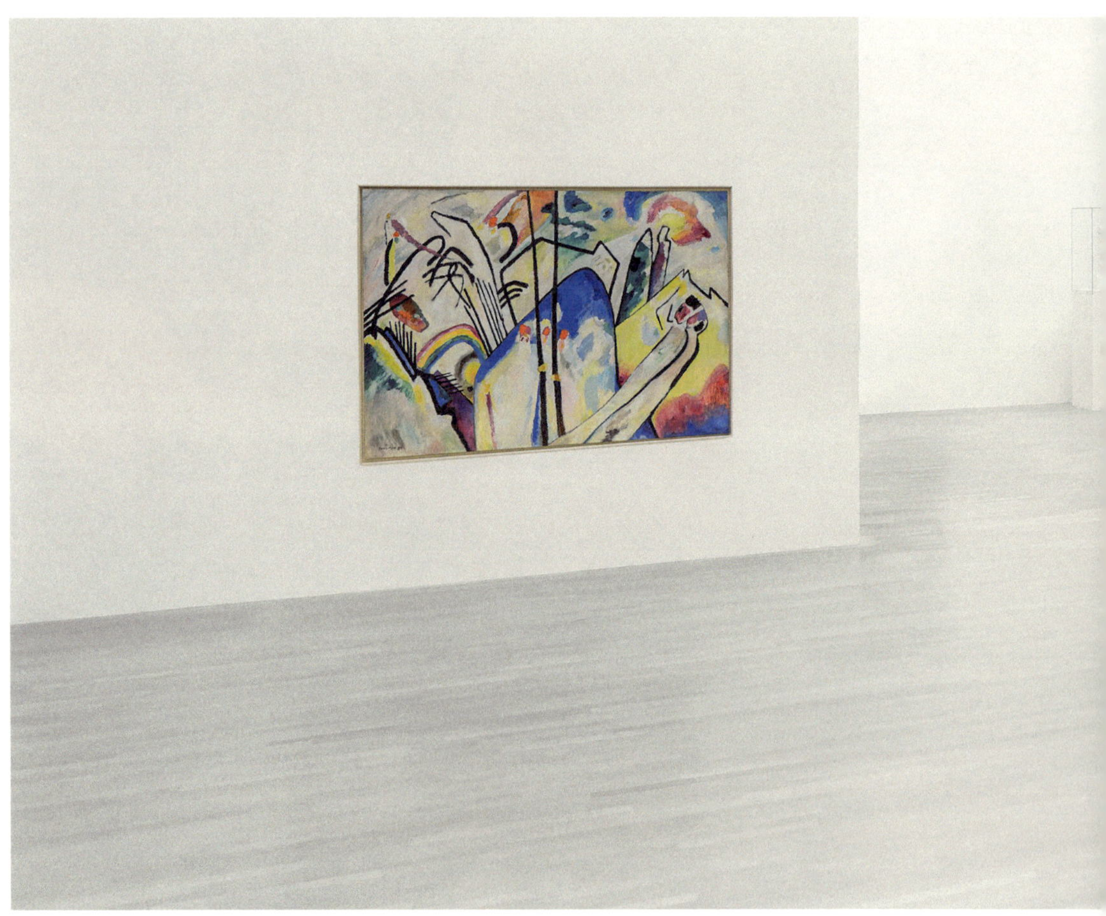

Das Konzept der »Denkwerkstatt Museum« gibt jeder Station 15 Minuten Zeit. Eine Viertelstunde soll reichen, um Schülerinnen und Schülern einen prägnanten Eindruck von einem Werk (oder einer Werkgruppe) zu geben, bevor sie dann zu einer nächsten Station weitergehen. Als Herausforderung für die Vermittlung ergibt sich die Notwendigkeit einer genau überlegten Auswahl von Aspekten und die Entscheidung für einen gelingenden Einstieg. Es gilt zu klären, welcher Aspekt für ein Werk entscheidend ist, von welcher Beobachtung ausgehend sich ein Werk nachvollziehbar erschließen lässt.

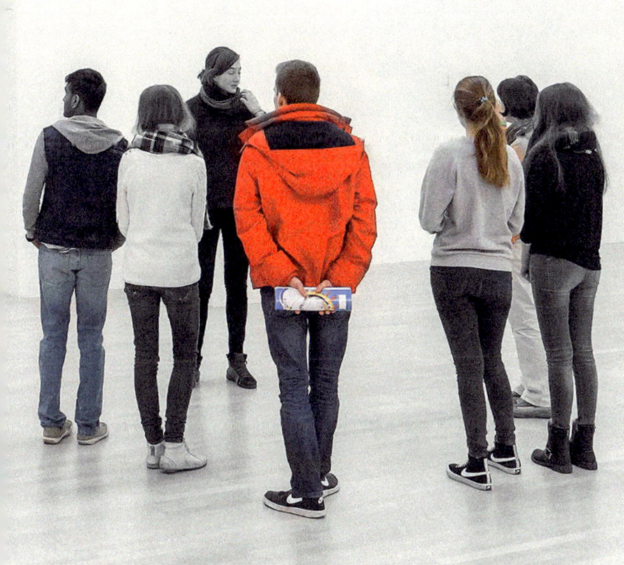

Was also ist ein solcher zentraler Aspekt für »Komposition IV« (159,5 x 250,5 cm; 1911) von Wassily Kandinsky? In der Literatur wird immer wieder die Übergangssituation zwischen gegenständlicher und ungegenständlicher Malerei hervorgehoben, der Weg in die Abstraktion. Und in der Tat lässt sich in dem Gemälde eine Gebirgslandschaft erkennen. Doch handelt es sich nicht um ein Landschaftsgemälde im strengen Sinn des Wortes. Vielmehr entfalten Formen, Linien und Farben ein Eigenleben auf der Fläche. Die Linien dienen nicht mehr ausschließlich dazu, Gegenständen Konturen zu geben. Sie besitzen einen graphischen Eigenwert. Farben sind auf der Fläche angeordnet, ohne einen Gegenstand zu charakterisieren. Sie entfalten durch unterschiedlichen Pinselduktus Dynamik.

Irritieren solche abstrahierenden Gemälde mehr als 100 Jahre nach ihrer Entstehung noch immer? Fällt es noch immer schwer, abstrakte Gemälde zu »lesen«? Kann man sich zugleich berühren lassen und rational beschreiben?

Bei Kandinsky kann die Analogie zur Musik das Verständnis unterstützen. Die Musik kennt Kompositionen, die um ihrer selbst willen wertgeschätzt werden. Sie kennt Harmonien, Klänge und Strukturen. Für seine Zeitgenossen hatte Kandinsky eine Reihe von Texten verfasst, in denen er solche Prinzipien in der Kunst darlegte. Mit diesen Begriffen lässt sich auch heute noch über die Gemälde von Kandinsky sprechen und Verständnis aufschließen.

ANN KATRIN SCHULTE

»DAS WAHRE GESICHT UNSERER ZEIT«

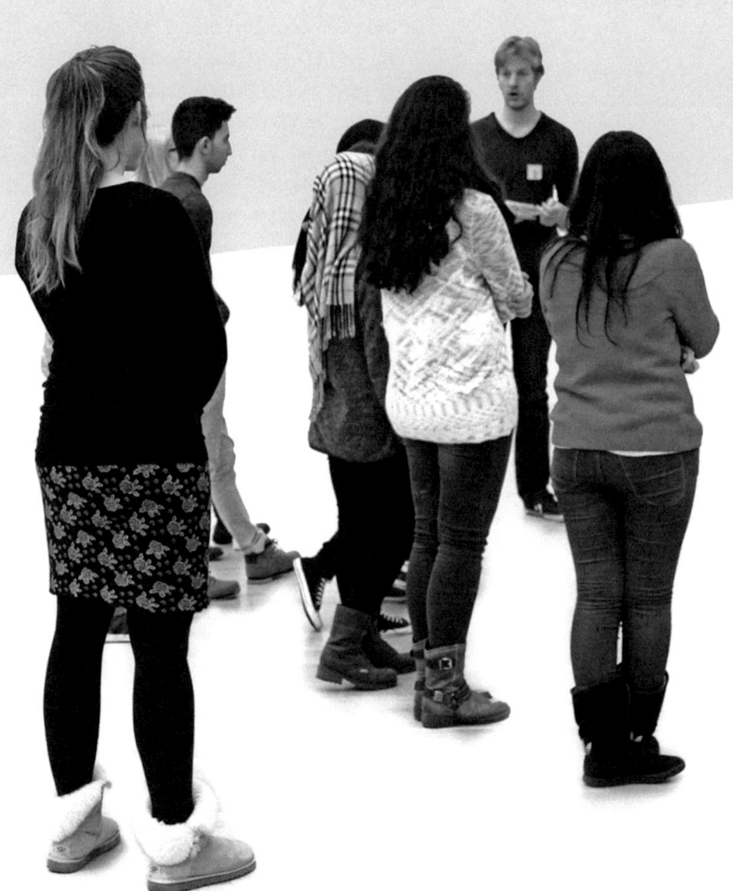

Die Wahrnehmung von Kunstwerken wird immer auch davon mitgeprägt, welche Bilder im Alltag der Museumsbesucher/innen gerade eine Rolle spielen. Dies gilt ganz besonders für Darstellungen von menschlichem Leid und Gewalt. So rücken uns gegenwärtig zu Beginn des Jahres 2015 – im Wechsel mit medial vermittelten Bildern aus Syrien, aus dem Irak oder aus Nigeria – Darstellungen, die die Erfahrungen im und nach dem Ersten Weltkrieg verarbeiten, besonders nah. Sie verursachen auch in der »Denkwerkstatt Museum« ganz unwillkürliche Reaktionen: »Das Bild macht mir irgendwie Angst.« In zwei verschiedene Richtungen kann die Arbeit mit Bildern wie »Der Liebeskranke« von George Grosz aus dem Jahr 1916 oder »Die Nacht« von Max Beckmann aus dem Jahr 1918/19 zielen: Gesprochen werden kann einerseits über die dargestellten Inhalte und über die historische Situation am Ende des Ersten Weltkriegs, die Traumatisierung aufgrund von Fronterfahrungen. Andererseits lässt sich sprechen über die Art und Weise, wie in den Bildern erzählt wird. Mit welchen Mitteln bringt Beckmann die gewaltsame Zerstörung gesellschaftlicher Ordnung, die Sinnlosigkeit von mörderischer Gewalt ins Bild? Wie erreicht es Grosz, dass er den »Liebeskranken« in seinem Selbstporträt als Gezeichneten in einer aus den Fugen geratenen Welt erkennbar gemacht hat? Hier ist genaues Hinsehen gefragt, die klare Analyse bildlicher Strategien. Und schließlich: Wie passen historische Information und Bildgestaltung zusammen? Konnten die Künstler für ihre schockierenden Erfahrungen auf Bildtraditionen zurückgreifen? Gab es die hier dargestellten Themen schon vorher in der Kunst? Oder was heißt es, wenn Künstler neue Themen darstellen?

Zu Recht wird immer wieder darauf hingewiesen, dass der Erste Weltkrieg Europa in seinen Grundfesten erschütterte. Auch die Künstler antworteten auf diese tiefgehende Verunsicherung und Infragestellung von Traditionen. Doch konnten diese Antworten sehr unterschiedlich aussehen: In den gleichen Jahren wie die Gemälde von Grosz und Beckmann entstand 1923 das Gemälde »Durchgehender Strich« von Wassily Kandinsky.

LISA SARACHMAN

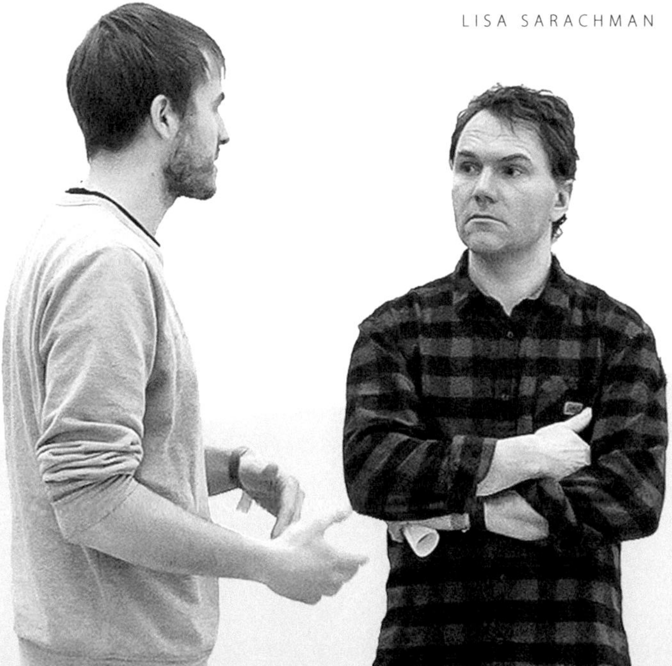

HEINZ UDO BRENK

BOTSCHAFTER FÜR KUNSTWERKE – WAS HAT DIE SCHULE DAVON?

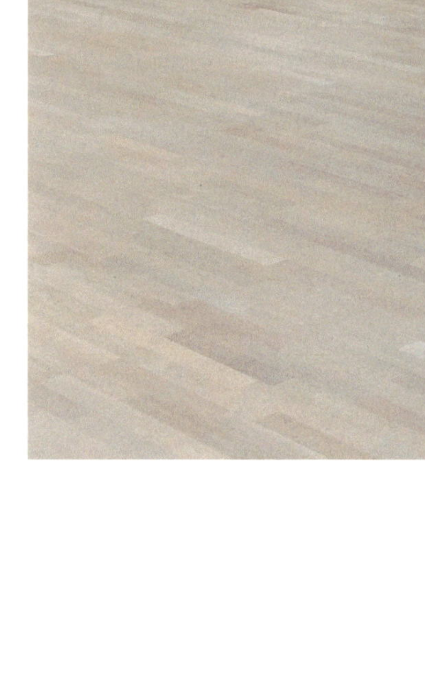

Im Kunstunterricht eines Oberstufenkurses des Heinrich-Heine-Gymnasiums in Dortmund wurden, wie es das Curriculum vorsieht, im Rahmen von Bildanalysen mehrerer Selbstporträts unterschiedliche Analyseverfahren erprobt und diskutiert. Kurz vorher hatte ich einige Seminare von Professorin Welzel an der TU Dortmund besucht und dabei erfahren, dass sie – wie führende Fachvertreter/innen der Kunstgeschichte insgesamt – nicht mit allen Aspekten der im schulischen Unterricht vermittelten Analysemethoden übereinstimmt, was ich dem Kurs nicht vorenthielt. So wurde die Idee geboren, Frau Welzel in den Unterricht einzuladen mit dem Ziel, ein Bild einmal mit kunstwissenschaftlichen und einmal mit den im Kunstunterricht üblicherweise praktizierten Verfahren zu untersuchen. Die Idee fand ihren Weg ins kunstwissenschaftliche Examenscolloquium an der TU Dortmund. Fragen der Vermittlung von Kunstgeschichte im schulischen Unterricht wurden diskutiert, ebenso Aspekte der Machbarkeit, der thematischen Auswahl und Begründung. Schließlich wollte ich nicht nur einen Kurs, sondern alle Kunstkurse eines Jahrganges, nämlich der »Einführungsphase«, einbinden. Auf diesem

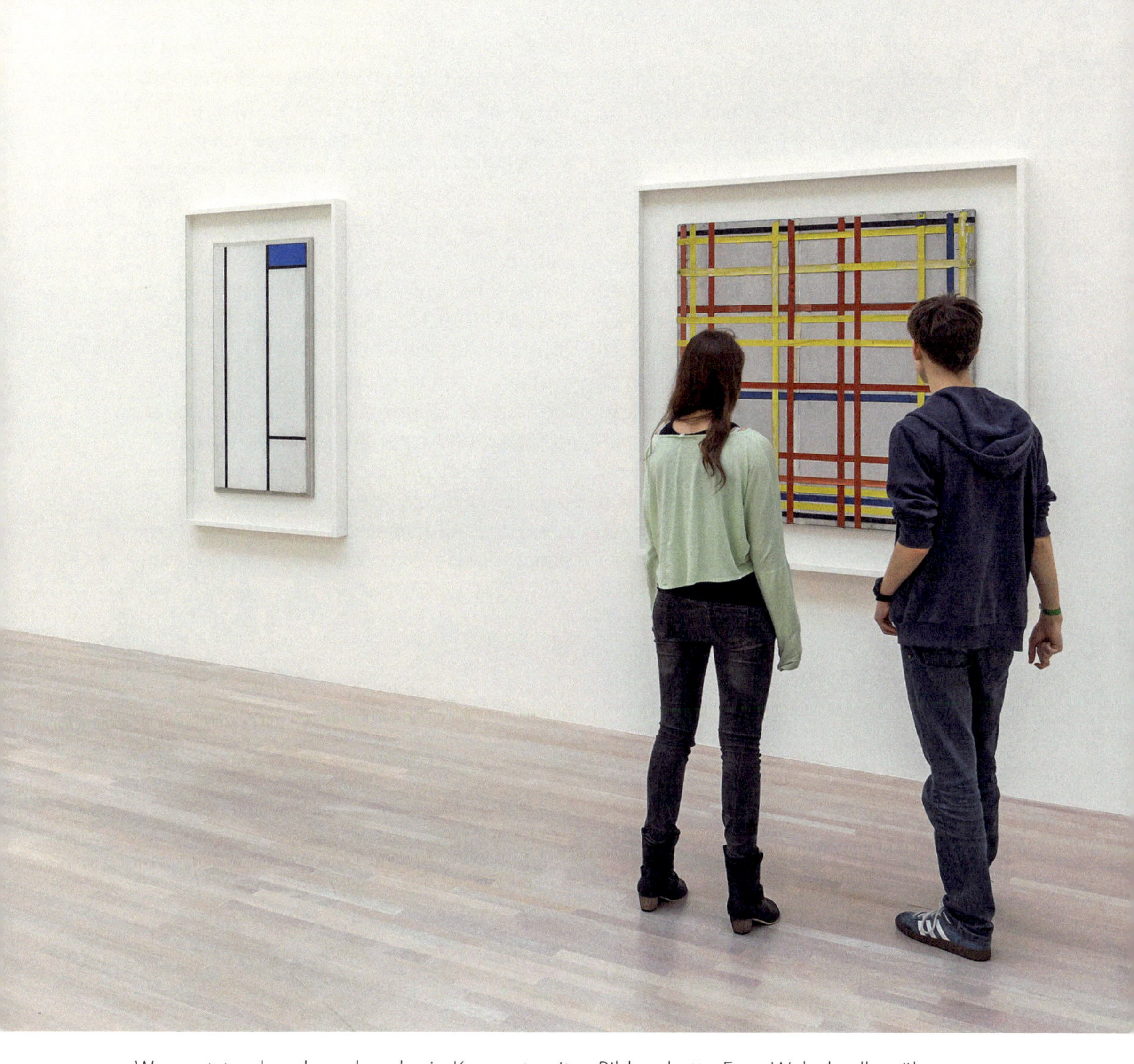

Weg entstand nach und nach ein Konzept, mit dem wir schließlich den ersten Durchlauf im Februar 2011 wagten. 120 Schülerinnen und Schuler der Jahrgangsstufe wurden, in Gruppen eingeteilt, nach einem ausgeklügelten Plan in der Kunstsammlung Nordrhein-Westfalen in Düsseldorf (K20) zu vier bis fünf ausgewählten Werken hingeführt und jeweils von einer Studierendengruppe über das Werk informiert. Die Vorbereitung der Studentinnen und Studenten auf ihre Vermittlerrolle als »Botschafter der

Bilder« hatte Frau Welzel selbst übernommen, die Schülerinnen und Schüler wurden innerhalb ihrer Kunstkurse auf das Projekt vorbereitet. Schon beim ersten Mal hatte das Seminar für Kunst und Kunstwissenschaft der TU Dortmund eine Kooperation mit dem Museum verabredet. Daher wurden wir auch durch die Museumspädagogin im Vortragssaal empfangen und begrüßt. Gute Vorbereitung, eine ausgeklügelte Wegeführung und die konsequente Umsetzung sorgten dafür, dass trotz der großen Gruppe die gesamte Durchführung an einem Wochentag in der Zeit von 10 bis 13 Uhr verwirklicht werden konnte.

Die Aktion war von Beginn an ein durchschlagender Erfolg, und dies wohl für alle Beteiligten, also die Studentinnen und Studenten, die Schülerinnen und Schüler, das Museum, die beteiligten Lehrerinnen und Lehrer sowie für Frau Welzel und in den folgenden Jahren ihre beteiligten Mitarbeiter/innen. Aber es gibt keinen Grund, große Erfolge nicht noch verbessern zu wollen. Seither findet die »Denkwerkstatt Museum« einmal im Jahr statt und wird stetig weiterentwickelt; seit dem Winter 2012/13 unter der kunstwissenschaftlichen Federführung von Dr. Niklas Gliesmann. Auch an anderen Schulen erregt das Projekt Aufmerksamkeit.

Da viele der beteiligten Studierenden eine Tätigkeit als Lehrer/in anstreben, ist anzunehmen, dass sich schon dadurch die »Denkwerkstatt Museum« in dieser oder einer veränderten Form an weiteren Schulen durchsetzen wird. Bislang war ein weiteres Dortmunder Gymnasium beteiligt. Damit hat sich aber bereits die Zahl der teilnehmenden Schüler auf über 200 vergrößert. Auch die Anzahl der beteiligten Studierenden ist gewachsen.

Wie gewinnbringend dieser Tag für die Schulen und die Schülerinnen/Schüler ist, liegt auf der Hand und kann an mehreren Punkten abgelesen werden. Für die meisten der Teilnehmenden ist es die erste Begegnung mit Kunst, der erste Besuch in einem Kunstmuseum überhaupt – beide Gymnasien liegen in Dortmun-

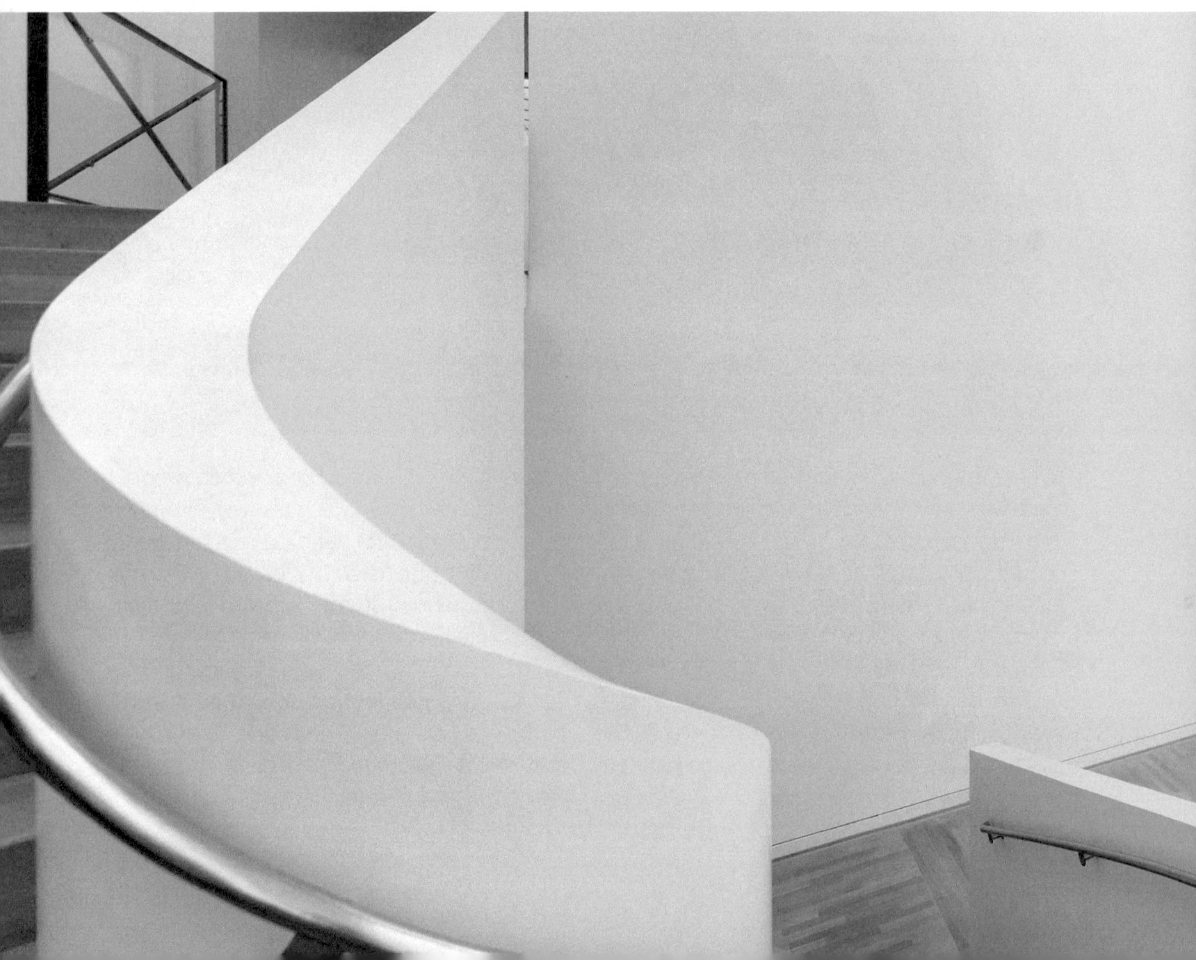

der Stadtgebieten mit hohem Anteil an Bürgern/Bürgerinnen mit Migrationshintergrund. Und wenn die erste Begegnung in einem solchen Rahmen stattfindet, kann das nur von positivem Einfluss auf das zukünftige Verhältnis der Jugendlichen zu den bildenden Künsten sein; hier wird Teilhabe eröffnet, indem Möglichkeiten aufgezeigt werden. Die Scheu vor dem »White Cube« genommen zu haben, ist allein schon der Mühe wert.

Die Auswahl der Bilder erfolgt in Absprache zwischen der Universität und der Schule sowie in Rücksprache mit dem Museum. Das ist deshalb von Bedeutung, weil auf diese Weise das schulinterne Curriculum berücksichtigt und gezielt auf die darin enthaltenen Vorgaben hingearbeitet werden kann. Umgekehrt hat die Schule nach den ersten vier Erfahrungen mit diesem Tag in K20 die Möglichkeiten, die dieses Haus bietet, in den internen Lehrplan aufgenommen. Man sollte – das war von Anfang an wichtiger Teil des Konzepts – das Düsseldorfer Museum nicht mit Oberstufenschüler/innen besuchen, ohne die für die Geschichte der Kunst im 20. Jahrhundert zentralen Werke etwa von Jackson Pollock, Andy Warhol, Max Beckmann, Ernst

Ludwig Kirchner, Otto Dix und den für die Düsseldorfer Sammlungsgeschichte wichtigen Paul Klee zur Kenntnis zu nehmen, unabhängig von dem jeweiligen Oberthema. Daher beschränkt sich die Werkauswahl nicht nur auf das schulische Oberthema – etwa Selbstporträts. Vielmehr bekommen alle Gruppen, die aus jeweils etwa vier Schülerinnen und Schülern bestehen, immer auch ein bis zwei ergänzende Werke, die möglicherweise vom Hauptaugenmerk abweichen, aber den Blick erweitern und abrunden. Das bedeutet zwangsläufig, dass es eine Nachbesprechung im Unterricht geben muss, um den Gruppen die Möglichkeit zu geben, ihre Erfahrungen und ihre Werke zu vergleichen. Es hat sich bewährt, dass für den Besuch ein »Journalistenteam« gebildet wird, das nicht in den Gruppen mitarbeitet, sondern das Projekt fotografisch sowie mit Texten und Interviews dokumentiert. Auf diese Weise kann die Nachbereitung damit beginnen, dass die Dokumentation vorgestellt wird und die Gruppen ihre Erfahrungen einfließen lassen. Dies fällt deshalb leicht, weil die Schülerinnen und Schüler im Museum angehalten sind, ihre Kunstmappen und Schreibwerkzeug mitzunehmen, um sich vor allen Werken Notizen zu den Erläuterungen durch die Studierenden zu machen. Die Bilder stehen für diese Unterrichtsstunde in digitaler Projektion zur Verfügung. Bisher ist es zweimal gelungen, einen Bericht zusammenzustellen, der allen Teilnehmenden zur Verfügung gestellt werden konnte.

Natürlich wird weiter über Verbesserungen nachgedacht. Zum Beispiel können sowohl Vor- wie Nachbereitung an den verschiedenen Instituten miteinander verbunden werden, räumlich wie personell. Man kann die Schüler/innen zur Universität und die Studierenden in den Unterricht bringen, vorher und nachher. Für die nächste Aktion ist auch ein Folgeaktionstag im Heinrich-Heine-Gymnasium in Vorbereitung, um Erfahrungen austauschen zu

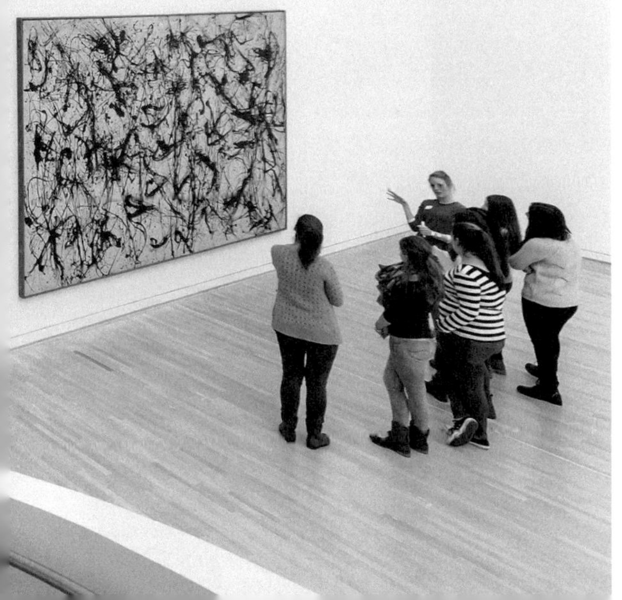

können. Auch die zwei bisher beteiligten Schulen (und in der Zukunft vielleicht auch weitere) sollten ihre Energien bündeln und gemeinsame Unterrichtsmodelle entwickeln, bei denen Museumsbesuche unverzichtbare Bestandteile sind. Auf jeden Fall aber wollen alle Beteiligten diesen Tag in K20 auch in Zukunft beibehalten. Aus dem Projekt »Denkwerkstatt Museum« als gemeinsamer Aktion zwischen der TU Dortmund und dem Heinrich-Heine-Gymnasium in Dortmund sind zwei weitere Ideen für »Kunstbotschafter« hervorgegangen, die kurz vor der Durchführung stehen und hier knapp angerissen werden sollen.

Aus dem Kunstunterricht in der Unterstufe kam der Wunsch, eine vergleichbare Veranstaltung mit den Schülerinnen und Schülern der Jahrgangsstufe 5 durchzuführen. Das mündete in die Projektidee, mit dem nächsten K-20-Tag den Teilnehmerinnen und Teilnehmern aus der »Einführungsphase« (Stufe EPH) mit auf den Weg zu geben, dass sie die Erfahrungen, die sie in Düsseldorf machen werden, kurz darauf an Klassen 5 weitergeben sollen. Ein doppelter Gewinn: für die Unterstufe, weil sie teilhaben können, für die EPH, weil zusätzliche Motivation geschaffen wird. Natürlich müssen ganz andere Organisationsformen gefunden und Aufsichtsfragen gelöst werden, auch die An- und Abreise ist nicht wie mit Oberstufenschülerinnen und -schülern regelbar. Doch ist fest verabredet, dass diese Fortsetzung der K-20-Aktion im Jahr 2016, etwa zwei Wochen nach dem nächsten, mit der TU Dortmund durchgeführten, Projekttag der »Denkwerkstatt Museum« stattfinden wird.

Ein zweiter Plan: Das Heinrich-Heine-Gymnasium hat, wie viele andere Schulen in NRW, seit Beginn des Schuljahres 2014/15 »internationale Klassen« einrichten müssen, um die große Zahl der Kinder und Jugendlichen aufzunehmen, die mit den asylsuchenden Familien nach Deutschland kommen. Hier ist nicht der Ort, um über die vielen Probleme zu klagen, mit denen die Schulen dadurch konfrontiert werden, wie zum Beispiel das der Sprache. Die Fächer Kunst (und Musik) sollten allerdings in besonderem Maße in der Lage sein, Kommunikation zu ermöglichen. Darüber hinaus kann das gemeinsame Erleben eines Tages in der Kunstsammlung Nordrhein-Westfalen, wenn Integration ernst gemeint ist, ein deutliches Zeichen dafür sein, dass wir unsere neuen Mitbürgerinnen und Mitbürger willkommen heißen und ihnen die Teilhabe an allen unseren kulturellen Möglichkeiten anbieten. Daher ist – gemeinsam mit der TU Dortmund – geplant, mit diesen beiden Klassen in das Düsseldorfer Museum zu fahren. Auch dafür sind noch viele Einzelheiten zu klären, nicht zuletzt die Frage, in welcher Sprache denn kommuniziert werden soll, für welche Sprachen Dolmetscher benötigt werden, welche Bilder geeignet sind und viele mehr. Aber hier gilt wie für die erste Idee: Wir sind von der Durchführbarkeit und Sinnhaftigkeit so überzeugt, dass wir sicherlich einen Weg finden werden.

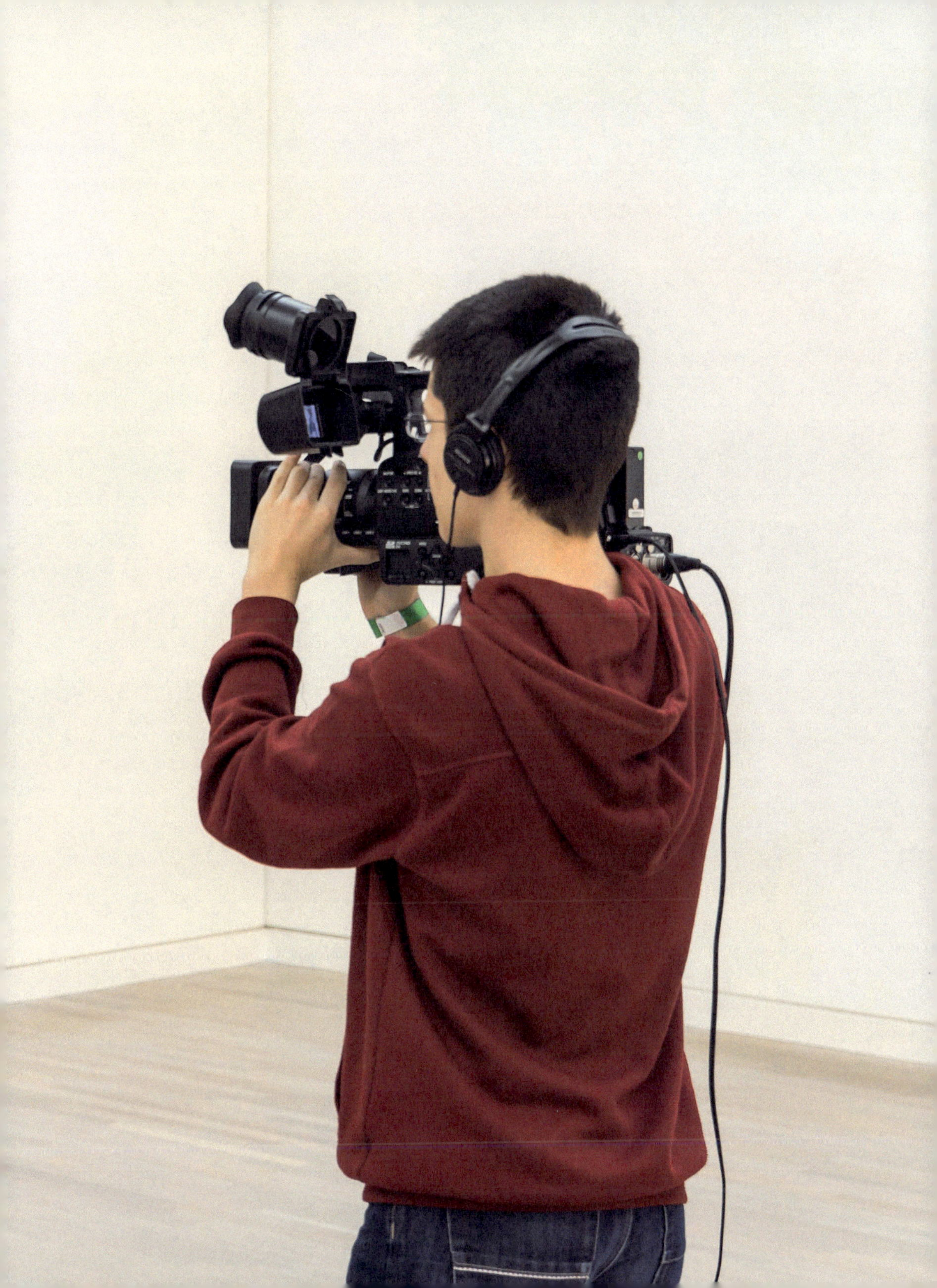

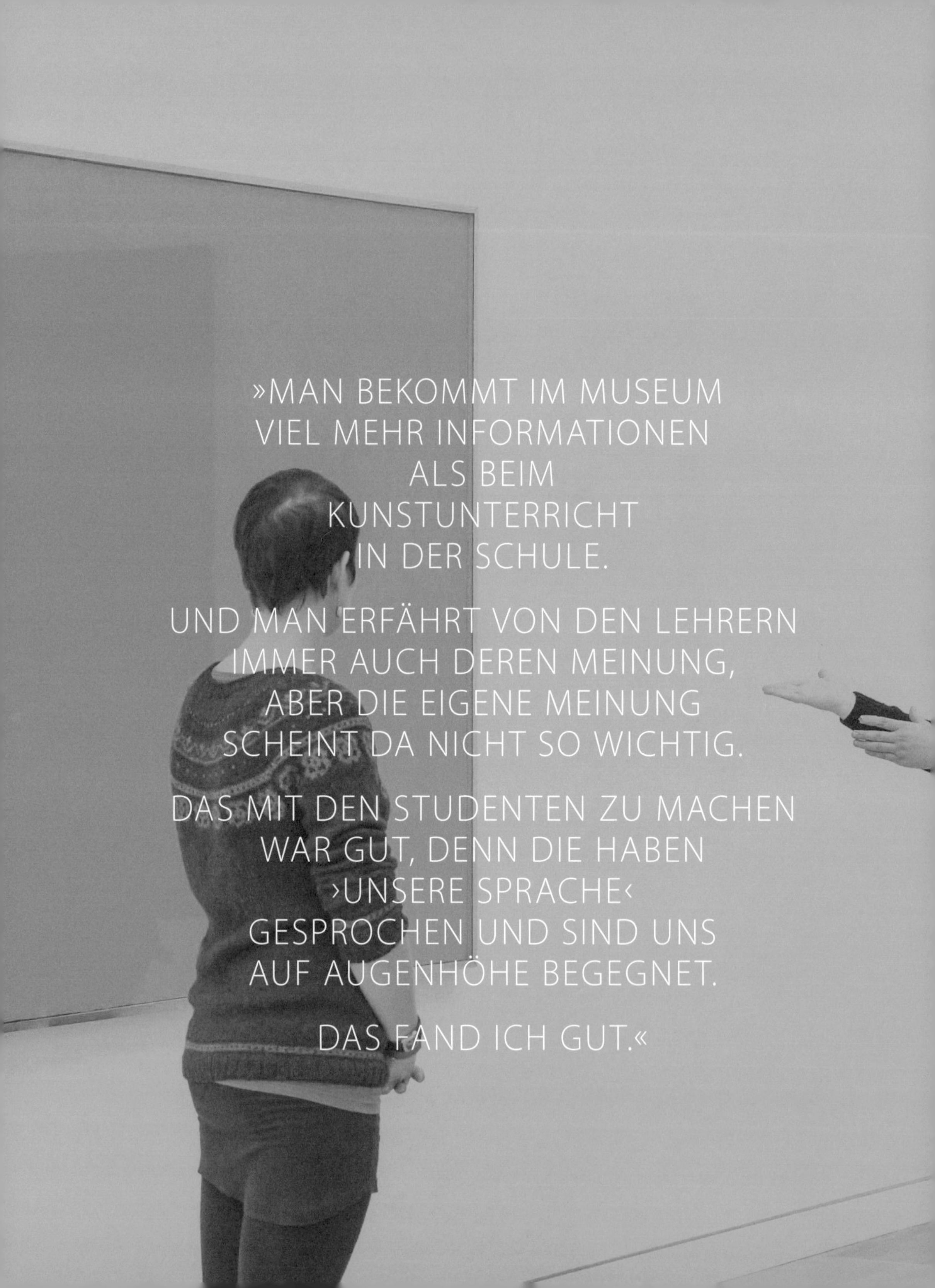

»MAN BEKOMMT IM MUSEUM
VIEL MEHR INFORMATIONEN
ALS BEIM
KUNSTUNTERRICHT
IN DER SCHULE.

UND MAN ERFÄHRT VON DEN LEHRERN
IMMER AUCH DEREN MEINUNG,
ABER DIE EIGENE MEINUNG
SCHEINT DA NICHT SO WICHTIG.

DAS MIT DEN STUDENTEN ZU MACHEN
WAR GUT, DENN DIE HABEN
›UNSERE SPRACHE‹
GESPROCHEN UND SIND UNS
AUF AUGENHÖHE BEGEGNET.

DAS FAND ICH GUT.«

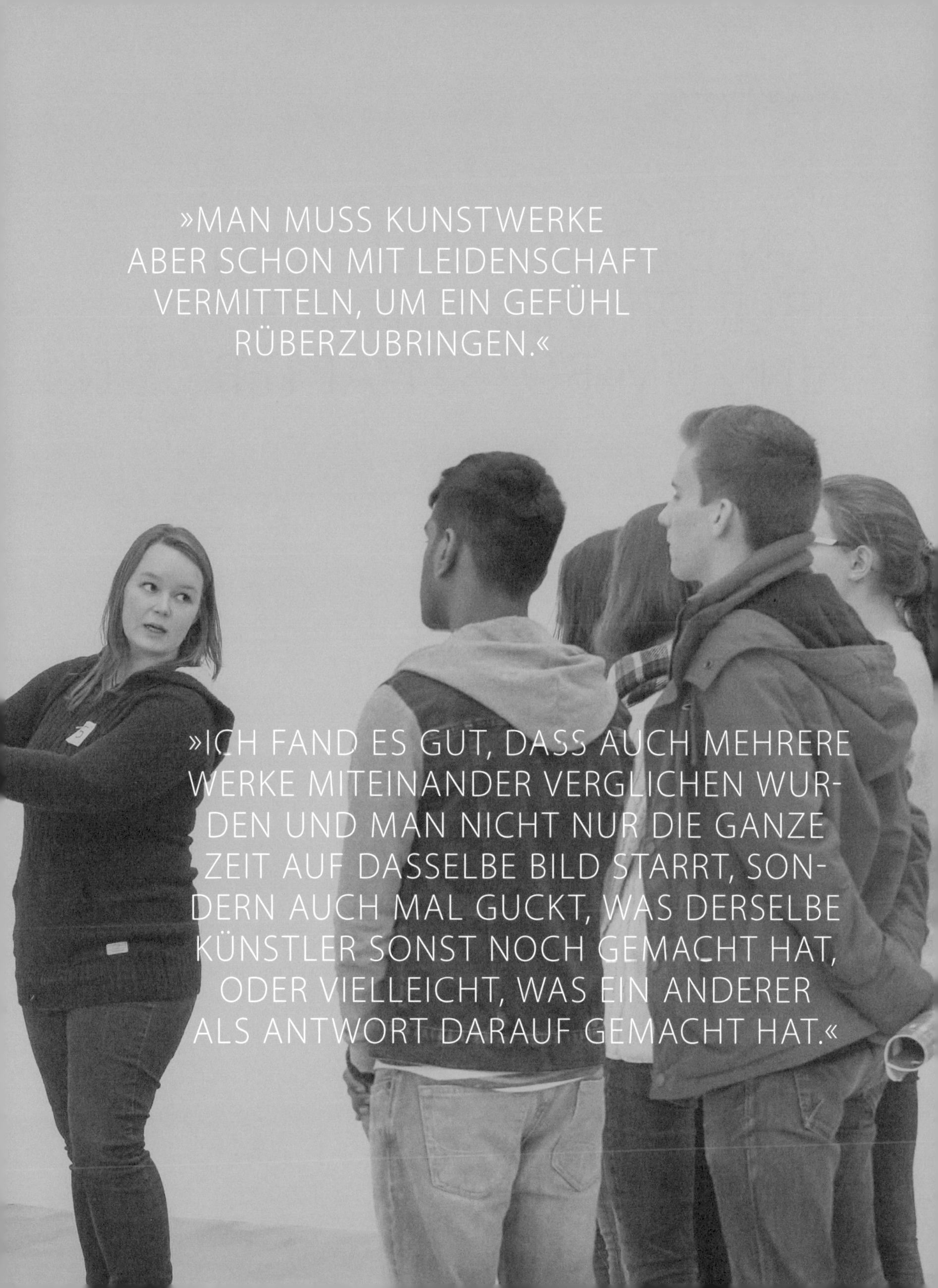

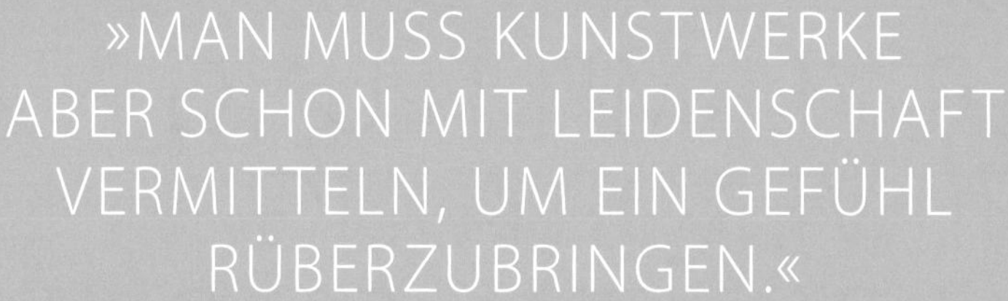
»MAN MUSS KUNSTWERKE ABER SCHON MIT LEIDENSCHAFT VERMITTELN, UM EIN GEFÜHL RÜBERZUBRINGEN.«

»ICH FAND ES GUT, DASS AUCH MEHRERE WERKE MITEINANDER VERGLICHEN WURDEN UND MAN NICHT NUR DIE GANZE ZEIT AUF DASSELBE BILD STARRT, SONDERN AUCH MAL GUCKT, WAS DERSELBE KÜNSTLER SONST NOCH GEMACHT HAT, ODER VIELLEICHT, WAS EIN ANDERER ALS ANTWORT DARAUF GEMACHT HAT.«

SARAH HÜBSCHER

VON DER VERMITTLUNG – ÜBER DIE VERORTUNG – HIN ZUM BOTSCHAFTER-SEIN

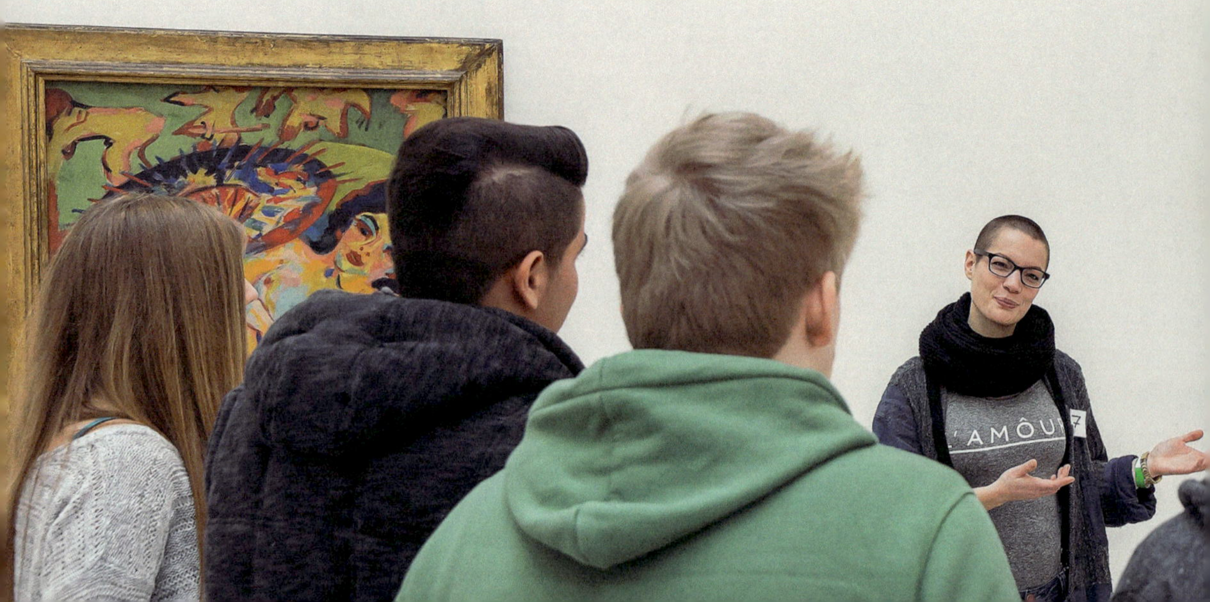

Der Philosoph und Kurator Daniel Tyradellis beginnt sein Buch »Müde Museen *Oder:* Wie Ausstellungen unser Denken verändern können« mit einem Zitat des Literaturtheoretikers Werner Hamacher: »Wo vom Museum die Rede ist – überall, wo vom Museum die Rede ist –, ist zugleich von der Gesellschaft die Rede.«[1] Ein essentieller Gedanke in Bezug auf die Legitimation von Museen als Orte im Kontext von schulischer und universitärer Bildung – und letztendlich auch der Motor zur Gründung einer »Denkwerkstatt Museum«.

Das Kunstmuseum als Ort macht es uns jedoch zunächst nicht leicht, diese Potenziale von Teilhabe uneingeschränkt und gesamtgesellschaftlich zu nutzen. Es ist von Schwellen die Rede, von strengen Regeln im isolierten Raum – Stille prägt die Atmosphäre –, zudem: Kunst an der Wand. Bewusst müssen hier Herausforderungen des Verstehens, des Zugangschaffens und des Kontextualisierens bewältigt werden. Aber wer setzt sich schon gern dem Unbekannten aus? Nehmen wir für einen Moment die Angst-vor-dem-Unbekannten-Brille ab und nutzen den Museumsraum als Chance zur *Verortung:*

Die hier als *Verortung* beschriebene Handlung ist die Voraussetzung für die später im Projekt angesiedelte Vermittlung von Kunstwerken. *Verortung* ist ein mehrdimensionaler Prozess und bezieht sich zunächst auf den Ort im kartografischen Sinne: Die Recherche sowie das Bewusstmachen der ortsspezifischen Informationen ist grundlegende Vorarbeit, um ein Verständnis für den Ort zu entwickeln und eine Positionierung – im räumlichen wie auch gedanklichen Sinne – zu erlangen. Um Vermittlungssituationen anbahnen zu können, bietet die Kunstsammlung Nordrhein-Westfalen eine breite historische Basis, die das heutige Selbstverständnis des Landesmuseums beschreibt: Durch den Ankauf der 88 Werke von Paul Klee sowie das Engagement für die Kunst der Moderne formulierte das vergleichsweise junge Museum mit Unterstützung der Landesregierung NRW in der Bundesrepublik Deutschland bereits 1961 eine kulturpolitische Richtungsentscheidung. Es machte die Dinge anders, verschob Schwerpunkte und konfrontierte die Gesellschaft im Allgemeinen wie das Publikum im Speziellen mit dem »Trauma der deutschen Geschichte«[2]. Durch diese frühe Form der *Verortung der Institution* in historische und politische

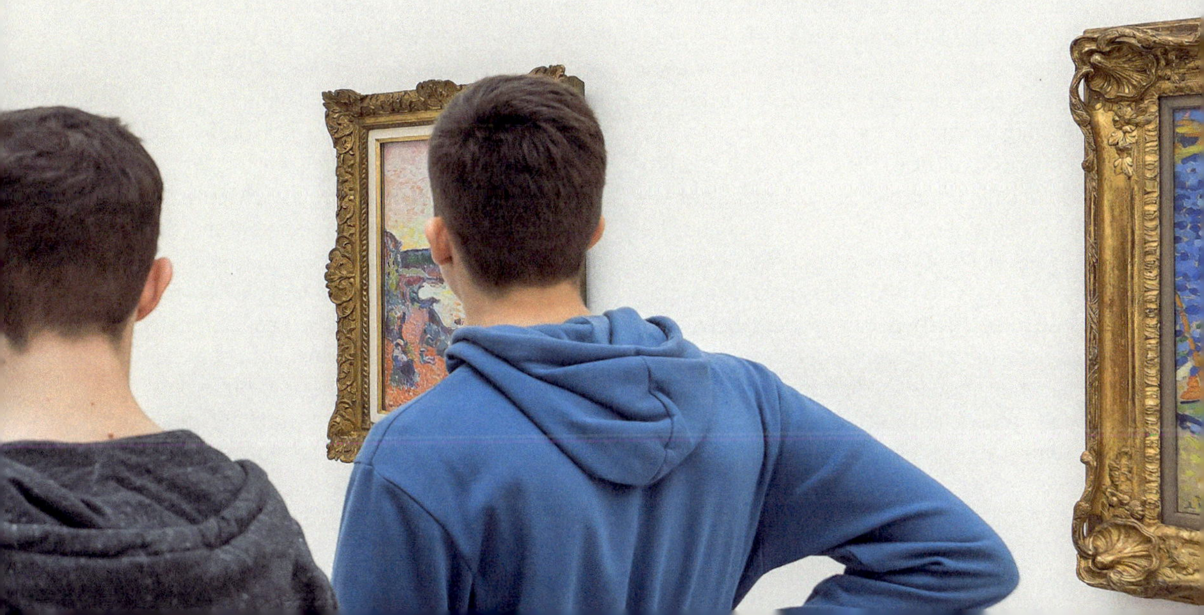

Kontexte entwickelte die »heimliche Nationalgalerie« ein klares Statement zum Kunstmuseum als Kommunikationsraum; in seinem Leitbild formuliert das Museum: »Wir verstehen die Kunstsammlung als einen Ort, an dem sich zwischen den Kunstwerken und in Reaktion auf die architektonischen Räume Interaktionsprozesse entwickeln. Unsere Haltung lädt zur Partizipation ein. Sie basiert zugleich auf dem Vertrauen in die individuelle Kompetenz des Menschen und drückt sich in einer Offenheit und Neugier gegenüber den von diesem eingebrachten Impulsen aus. Wir vertrauen in die Kraft der Kunst, die Menschen zu bilden, zu unterhalten, zu verwandeln, zu neuen Denkpositionen zu bewegen und mit neuen Erfahrungen zu bereichern. Mit Kunst wollen wir zu Neuem und Unbekanntem vorstoßen. Wir verbinden Kunst mit dem realen Leben.«[3]

Das Projekt der »Denkwerkstatt Museum« nutzt dieses offene Setting, um sein auf Kommunikation basierendes Konzept umzusetzen. Das Bewusstsein für die politischen, kulturellen und historischen Dimensionen des Ortes, für die Architektur und nicht zuletzt für die kuratorischen Entscheidungen ist relevant für die anschließende *Verortung im Raum* der Vermittelnden – der Botschafter und Botschafterinnen – selbst. Wie erfolgt die Bewegung durch den Raum, welche Sichtachsen machen Beziehungen zwischen Kunstwerken möglich, welche Themen bedingen sich? Die Kunstwerke sind Ausgangspunkte für die Anbahnung der Vermittlungssituationen. Hierbei schöpft das Projektteam die Potenziale sowohl des Ortes wie des einzelnen Kunstwerkes aus. Die genaue Recherche der Entstehungskontexte sowie die Rezeptions- und Migrationsgeschichten der Kunstwerke machen eine sichere Bewegung innerhalb der Ideenwelten der Kunst erst möglich, geben Impulse für die Kommunikation und fangen mögliche Unsicherheiten auf. Das Botschafter-Sein für ein Kunstwerk hängt somit

auch von der *Verortung des/der Vermittelnden in Relation zum Werk* ab. Die Vermittlungssituation beinhaltet die Herausforderung, vielfältige Perspektiven auf das Werk zu ermöglichen und Kontexte herzustellen, zugleich Erwartungshaltungen der Besucherinnen und Besucher zu weiten, Schwerpunkte zu verschieben, zu überraschen und ein Interesse für den Ort und das Kunstwerk zu erzeugen.

Es scheint, als sei die *Verortung* innerhalb des *Ortes*, des *Raumes* sowie in *Relation zum Kunstwerk* eine Ermöglichungsbedingung zum Gelingen von Vermittlungssituationen. Ja und nein, denn es gehört mehr dazu: Die Positionierung durch die vorangegangenen Verortungsprozesse ist – wie bereits erwähnt – der Link zwischen den Vermittelnden und den Besucherinnen und Besuchern. Den Studierenden soll es innerhalb des Projektes gelingen, eine eigene Position, generiert aus dem Vorwissen, zu entwickeln sowie im folgenden Schritt die Schülerinnen und Schüler an dieser Position teilhaben zu lassen und anzuregen, sich selbst zu verorten. Eine Voraussetzung dafür ist die Offenheit der Gesprächssituationen und die Haltung, dass Sprechen über Kunst generell ein demokratischer Prozess ist. Das Sinnbild der Werkstatt als Ort des Tüftelns und Entdeckens, also als offener Denkraum greift hier besonders gut. »Denken muss man lernen und üben [...]«,[4] so der französische Philosoph Jean-Luc Nancy – aber wie? Es ist zunächst eine wichtige Erkenntnis, dass es okay ist, denken lernen und üben zu dürfen und nicht partout »können« zu müssen. Das Projekt ermöglicht es Schülerinnen und Schülern, das Denken im Miteinander zu probieren und sich durch den kommunikativen Prozess ebenfalls zu verorten. Die Bewegung durch die *Denkräume der Vermittelnden* und die *Denkräume der Künstlerinnen und Künstler* – manifestiert in den Kunstwerken selbst – gibt neue Impulse einer Verortung der/des Einzelnen auch außerhalb des Projektrahmens. Viel zu häufig wird übersehen, dass der Schlüssel zu einer gelingenden Vermittlungssituation im Kunstwerk selbst liegt und lediglich die Bedingungen geschaffen werden müssen, diese in demokratischen Prozessen herausarbeiten zu können. Michael Cassin beschreibt diese Haltung als »›hands-on‹ in the head« und plädiert für Formen der Vermittlung die auf »looking and thinking and talking« basieren.[5]

Bleibt letztendlich die Frage, wie wir die Angst vor dem Unbekannten bewältigen.
Die Antwort: Mut! Das Projekt »Denkwerkstatt Museum« zeigt, dass der Ort Kunstmuseum alle Potenziale für eine gelingende Vermittlungssituation in sich birgt. Mehr noch: Es zeigt, dass Vermittlung nicht nur der Transfer von tradiertem Wissen von A nach (hoffentlich) B ist. Es geht vielmehr um die Weitergabe und Diskussion von Botschaften; um Botschafter-Sein, um das Sichtbarmachen von Forschungsbewegungen, den demokratischen Prozess des miteinander Denkens anzustoßen, und nicht zuletzt

um eine kritische Wissensproduktion als reflexive Bewegung aus der Beschäftigung mit Kunst und dem kulturellen Erbe. Und wie eingangs erwähnt, geht es vor allem darum, die Lücke zu schließen – oder den Diskurs zu eröffnen zwischen Museum und Gesellschaft, mit anderen Worten, Gesellschaft auf andere Weise mit Gesellschaft zu konfrontieren.

1 Daniel Tyradellis, Müde Museen *Oder:* Wie Ausstellungen unser Denken verändern können, Hamburg 2014, S. 9.

2 Einblicke. Das 20. Jahrhundert in der Kunstsammlung Nordrhein-Westfalen, Düsseldorf, hg. von der Kunstsammlung Nordrhein-Westfalen Düsseldorf, Ostfildern-Ruit 2000, S. 7.

3 Aus dem Leitbild der Kunstsammlung Nordrhein-Westfalen: http://www.kunstsammlung.de/ueber-uns/leitbild.html, 24.02.2015, 14:55.

4 Jean-Luc Nancy/Daniel Tyradellis: Was heißt uns Denken?, Zürich/Berlin 2013.

5 Michael Cassin: »hands on« in the head, in: Spielbein/Standbein, Museumspädagogik aktuell, Nr. 64, Dezember 2002, S. 7–10.

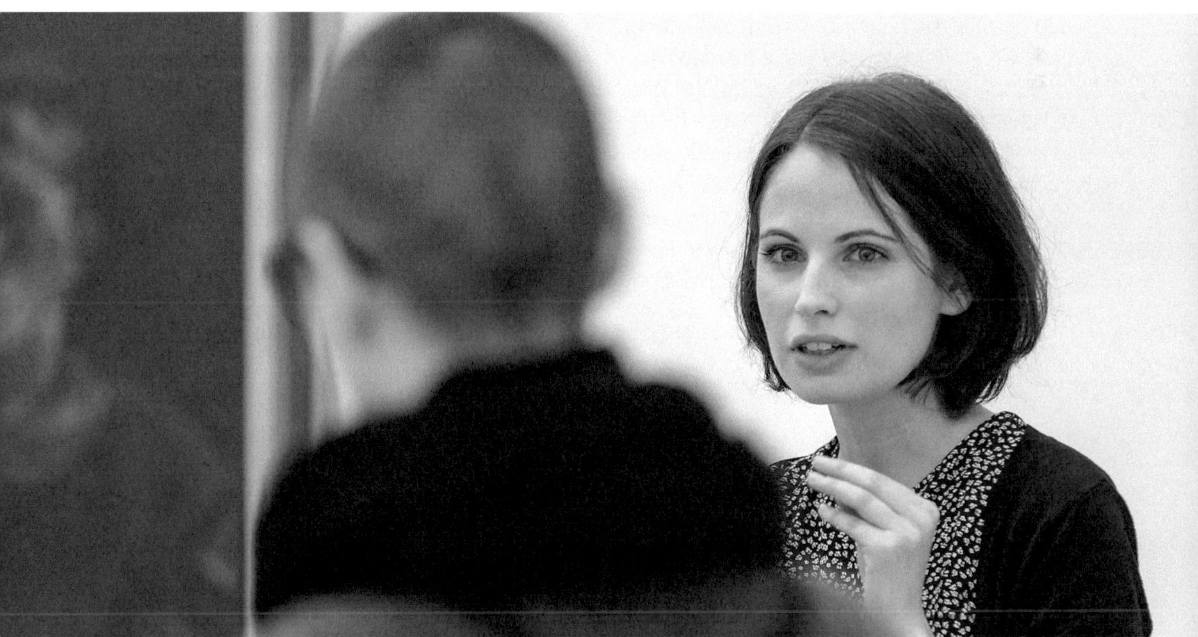

GRENZEN VERRÜCKEN?

Ein Porträt, das alle traditionellen Aspekte eines Porträts verleugnet. Ein zu schmaler Oberkörper mit abgespreizten Armen, dickem Hals und großem, runden Kopf. Ein Kragen, eine Krawatte und eine Jacke als Kleidung. Der Dargestellte ist in durchgehend braun-schwarzen Tönen auf weißtonigem Grund gemalt, alles scheint hastig gestaltet und unsauber belassen. Zudem fehlt jegliches Volumen der Figur mit den Mitteln illusionistischer Malerei, etwa durch Licht und Schatten. Die Proportionen stimmen nicht, und ein Raum, in dem die Figur dargestellt wird, ist nicht zu erkennen. Nichts zeigt also zunächst eine klare Ähnlichkeit mit einer lebenden Person oder einem realen Ort, was man dem klassischen Porträt gemeinhin abverlangt. Wiedererkennung fällt somit schwer.

Der von Jean Dubuffet mit ausgebreiteten Händen dargestellte René Drouin (»René Drouin: mains ouvertes«, 1946, 110 x 88 cm) war einer der Förderer und Kunsthändler Dubuffets. Dubuffet malt das Bild zeitgleich mit anderen Porträts französischer Intellektueller und nutzt eine Technik, die er später »haute pâte« (dicke Paste) nennen wird. Er arbeitet mit Ölfarben auf Leinwand, wie auch Porträtmaler vor ihm. Aber er setzt dieser pastosen Schicht aus grob aufgetragener Farbe kleine Kieselsteinchen, Kordelstücke und zwei blau schimmernde Steine hinzu. Schnell auffindbare, verfügbare Materialien von landläufig sehr geringem Wert. Eingeritzte Konturen sind die Zufügungen, die das Gesicht und die Kleidung in großer Vereinfachung sichtbar machen. Die Grenzen zwischen plastischem Modellieren, Zeichnung und Malerei verschwimmen. Es sind diese Beschädigungen in der Oberfläche der Malschicht, die erst die wahrnehmbare Gestalt eines Mannes ergeben. Jean Dubuffet benötigte für diese Art der Darstellung René Drouin selbst nicht mehr,

nach alter akademischer Gewohnheit, modell-
sitzend vor sich. Er gibt nur noch mit kleinen
individuellen Details dem Zeitgenossen einen
Hinweis auf den Dargestellten.

Leicht kommen angesichts der Gestaltung
Assoziationen zu Kinderzeichnungen in den
Sinn. Jean Dubuffet war bei Fertigung dieses Gemäldes schon 45 Jahre alt, aber offen
für Anregungen zur allgemeinen Erneuerung
der Malerei, die er durchaus in Zeichnungen
von Kleinkindern entdeckte. Wie Kinder oft das
wichtigste Element ihrer Zeichnung hervorzu-
heben wissen und alles andere hintanstellen
können, so reduziert er sein Motiv auf die allgemeinen Kennzeichen des Menschen. Auch die
Begabung, mit allem spielen zu können und
jegliche Dinge für den spielerischen Umgang
zu sammeln, übernimmt er bei seiner Material-
wahl aus dem kindlichen Verhalten.

Die Abwendung von der Malerei in traditionellen Verfahren und Techniken, wie Dubuffet
sie durchführt, wird auch in anderen Kunstgat-
tungen und Strömungen der Nachkriegskunst
thematisiert. Nach dem vorausgegangenen
Zusammenbruch ist Europa in Erneuerung.
Es steht somit die Frage nach belastbaren Ur-
sprüngen und Grundwerten der Kultur hoch im
Kurs. Sie bringt nicht nur den Maler Dubuffet
auf die Spur der Kinderzeichnungen, der Bild-
nerei der psychisch Kranken oder der Kunst der
Naturvölker der Welt. Wie andere auch, möchte er im Dialog mit deren vermeintlich kulturell
unverfälschten und als nicht ideologisch oder
zivilisatorisch verzerrt geltenden Gestaltungs-
formen seine eigene Kunst erneuern und fort-
entwickeln.

SARAH HÜBNER

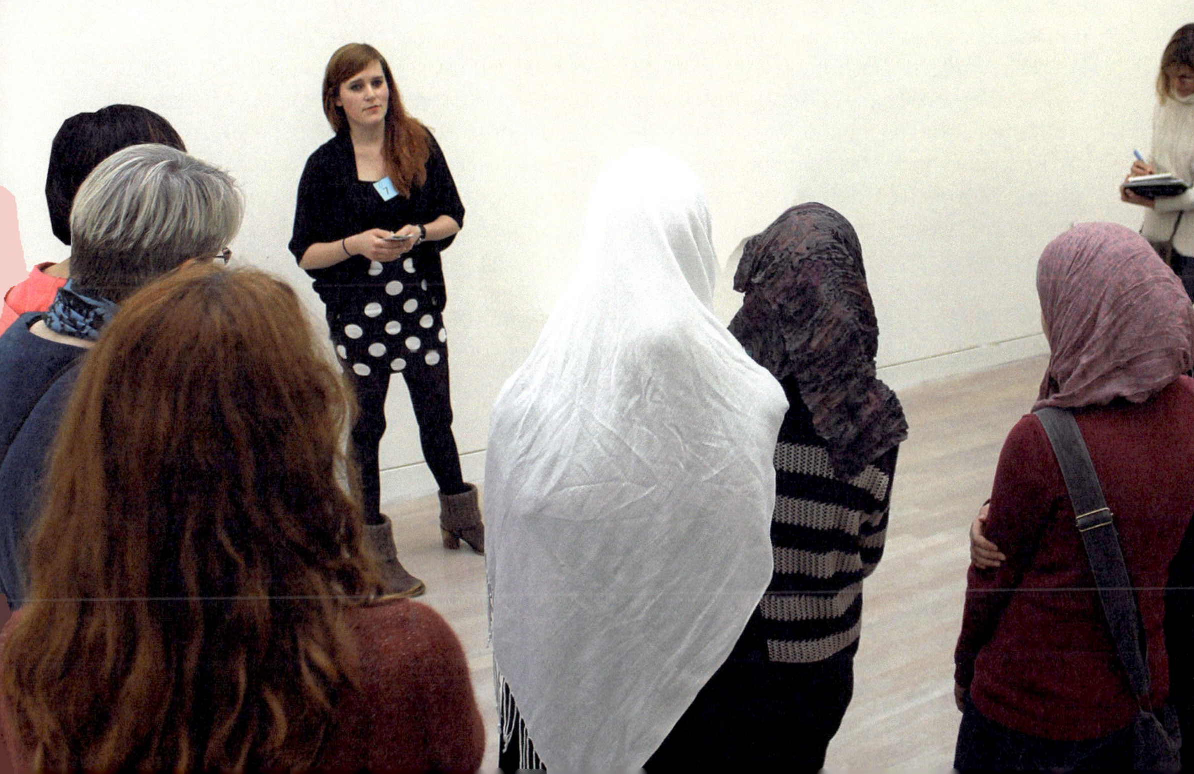

ZWISCHEN BILD, ABBILD UND ABGEBILDETEM

Bei einem Porträt handelt es sich laut Duden um eine »bildliche Darstellung, [ein] Bild (besonders Brustbild) eines Menschen«.

Zu den Werken von Andy Warhol (1928–1987), die in der Kunstsammlung Nordrhein-Westfalen repräsentativ vertreten sind, zählt auch ein Bildnis von Joseph Beuys (1921–1986). Es genügt der Definition eines Porträts auf den ersten Blick in vollem Umfang. Doch dann beginnen die Fragen. Ist es wirklich die Person Joseph Beuys, der Warhol sein Werk gewidmet hat? Was genau ist das Bildthema? Bei aufmerksamer Beobachtung wird deutlich, dass Warhol das Gemälde mittels Siebdruck hergestellt hat, also mit einem Druckverfahren, das auf einer fotografischen Vorlage beruht. Streng genommen zeigt das Gemälde also nicht die Person, sondern das durch Fotografie gewonnene Bild der Person.

Andy Warhol verwendete zunächst vorhandene Fotografien, beispielsweise aus der Werbung oder aus Illustrierten. Später begann er eigene Fotografien aufzunehmen, vorzugsweise mit der Polaroid-Kamera »Big Shot«. Für seine Zwecke mussten diese Schwarzweiß-Fotografien immer mit Blitzlicht aufgenommen werden, anschließend wurden sie für die Siebdruckvorlage vergrößert und bearbeitet. Unregelmäßigkeiten oder kleine Makel, die der Blitz noch nicht überbelichtet hatte, wurden getilgt. Warhol spielte mit den Realitäten, er bearbeitete das erste Abbild, um ein perfektes zweites Abbild herstellen zu können. Obwohl das Bildthema auf den ersten Blick die Person Joseph Beuys ist, entpuppt sich auf den zweiten Blick die mediale Inszenierung der Person als Bildthema. Mehr noch: Warhol thematisiert die mediale Inszenierung mittels einer Reproduktionstechnik, dem Siebdruck. Damit antwortet der Künstler auf die mediale Revolution der 1960er Jahre, die beispielsweise auch Stars wie Marilyn Monroe erfasst hatte. Bekannt werden sie nicht mehr als Person, sondern als medial konstruierter »Star«.

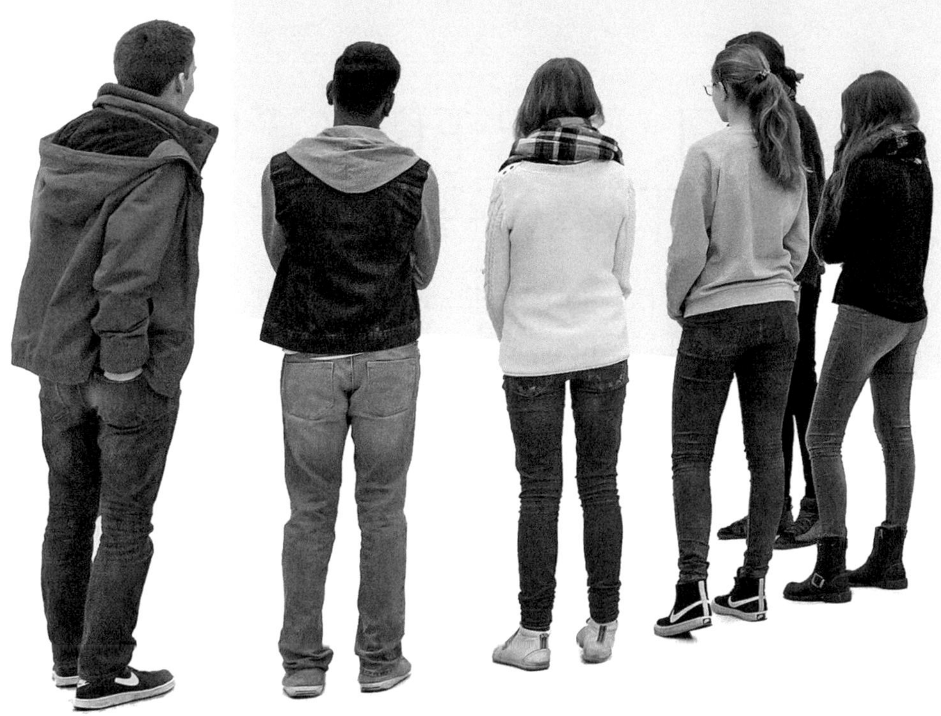

Das Beuys-Bildnis inszeniert dabei allerdings einen signifikanten Widerspruch: Während Warhol zwar eine Reproduktionstechnik nutzt, schafft er zugleich ein Unikat. Mit den modernen Reproduktionsmedien mischt er sich in die Kunstdiskurse seiner Zeit ein. Das Düsseldorfer Warhol-Porträt steigert diese Aussage noch weiter, indem es haptische Qualitäten integriert: Warhol hat der Farbe des Bildnisses Diamantstaub beigemischt.

Für die Vermittlungssituation ist es spannend, diesen Bruch zwischen der porträtierten Person, der Vorlage für das Porträt und dem Porträt zu unterscheiden. Ebenso faszinierend ist es, das Paradoxon zwischen Serie und Unikat und die daraus folgende Aussage zu diskutieren und zu analysieren.

Das Porträt kann auch am Beginn einer weiteren Auseinandersetzung mit dem Werk von Joseph Beuys in K20 stehen.

VICTORIA HÖCHST

JULIA HAGENBERG

»EIN SPIEL DER FRAGEN UND ANTWORTEN«

Kunstbetrachtung mit Schulklassen aus der Perspektive der Museumspädagogik

Der Museumsbesuch mit Schulklassen und die Betrachtung von Originalen gehen in Deutschland auf eine über 100-jährige Tradition zurück. Als Pionier auf diesem Gebiet gilt Alfred Lichtwark, der sich als Gründungsdirektor der Kunsthalle Hamburg nicht nur dem Aufbau einer Sammlung, sondern auch museumspädagogischen Aufgaben widmete. Lichtwark bewertete die Kunstvermittlung von Beginn seiner Tätigkeit als Direktor an als wichtigen Bestandteil des musealen Auftrags[1] und führte selbst regelmäßig Schulklassen durch die Kunsthalle. 1904 fasste er seine Erfahrungen und theoretischen Überlegungen in den »Übungen in der Betrachtung von Kunstwerken« zusammen. Die Publikation sollte als Kompendium beispielhafter Gespräche über Kunst dienen und war für Lehrpersonen gedacht, die Schüler/innen während des Museumsbesuchs bei der Werkbetrachtung begleiteten. Auch wenn sich die Rahmenbedingungen der Museumsarbeit in vieler Hinsicht verändert haben und Lichtwarks Thesen in manchen Punkten nicht mehr zeitgemäß anmuten,[2] formuliert er wegweisende pädagogische Zielsetzungen, die noch heute für die Kunstvermittlung von Relevanz sind. Vor dem Hintergrund des von Professorin Barbara Welzel initiierten Projekts »Denkwerkstatt Museum« in der Kunstsammlung Nordrhein-Westfalen ist es aufschlussreich, ausgewählte Aspekte seines Modells der aktuellen Arbeit mit Schulklassen gegenüberzustellen und seine historischen Ansätze mit heutigen Erfahrungen zu vergleichen.

Als grundlegende Methode empfiehlt Lichtwark »die Auflösung des Stoffs in ein Spiel von Fragen und Antworten«.[3] Seine Absicht ist es, die Selbständigkeit der Schüler/innen zu fördern, die bei einem zusammenhängenden Vortrag unterdrückt werde, so der Kunsthistoriker und Pädagoge. Lichtwark führt aus, dass Wissen und Erfahrung nicht diktiert werden können: »Das Kind muss sein Wissen selbst erarbeiten, seine Erkenntnis erleben, nur dann werden sie fruchtbar in ihm und aus ihm zur Wirkung kommen.«[4] Förderlich dabei ist ihm zufolge der Verweis auf »verwandte Erscheinungen [...], die dem Kind bekannt sind«.[5] Seine Überlegungen korrespondieren mit aktuellen Ergebnissen der museumspädagogischen Forschung. Ihnen zufolge ist Lernen im Museum als vielschichtiger, multidimensionaler Vorgang zu verstehen, in dem junge Besucher/innen nicht die Rolle passiver Rezipient/innen übernehmen, sondern als aktive und den Lernprozess gestaltende Subjekte aufgefasst werden müssen.[6] Auch heute besteht daher eine zentrale Herausforderung der musealen Kunstvermittlung darin, durch gezielte Fragen ein Gespräch einzuleiten, das den Teilnehmer/innen die Gelegenheit bietet, eigene Gedanken einzubringen und die diskutierten Themen nachhaltig zu reflektieren.

1 Vgl. Lichtwarks Antrittsrede als Direktor der Hamburger Kunsthalle (9. Dezember 1866), in: Deutsche Geschichte in Dokumenten und Bildern, Bd. 4. Reichsgründung: Bismarcks Deutschland 1866–1890, S. 2. http://germanhistorydocs.ghi-dc.org/sub_document.cfm?document_id=1775 (zuletzt abgerufen: 12. Mai 2015).

2 Vgl. Irene Belows ausführliche Analyse von Lichtwarks Unterrichtsmodell: Irene Below, Probleme der »Werkbetrachtung« – Lichtwark und die Folgen, in: Irene Below (Hg.), Kunstwissenschaft und Kunstvermittlung, Gießen 1975, S. 83–135, hier S. 95–114.

3 Alfred Lichtwark, Übungen in der Betrachtung von Kunstwerken, Berlin 1904, S. 15.

4 Ebd., S. 28f.

5 Ebd., S. 28.

6 Eilean Hooper-Greenhill, Museums and Education. Purpose, Pedagogy, Performance, Oxon/New York 2007, S. 31f.

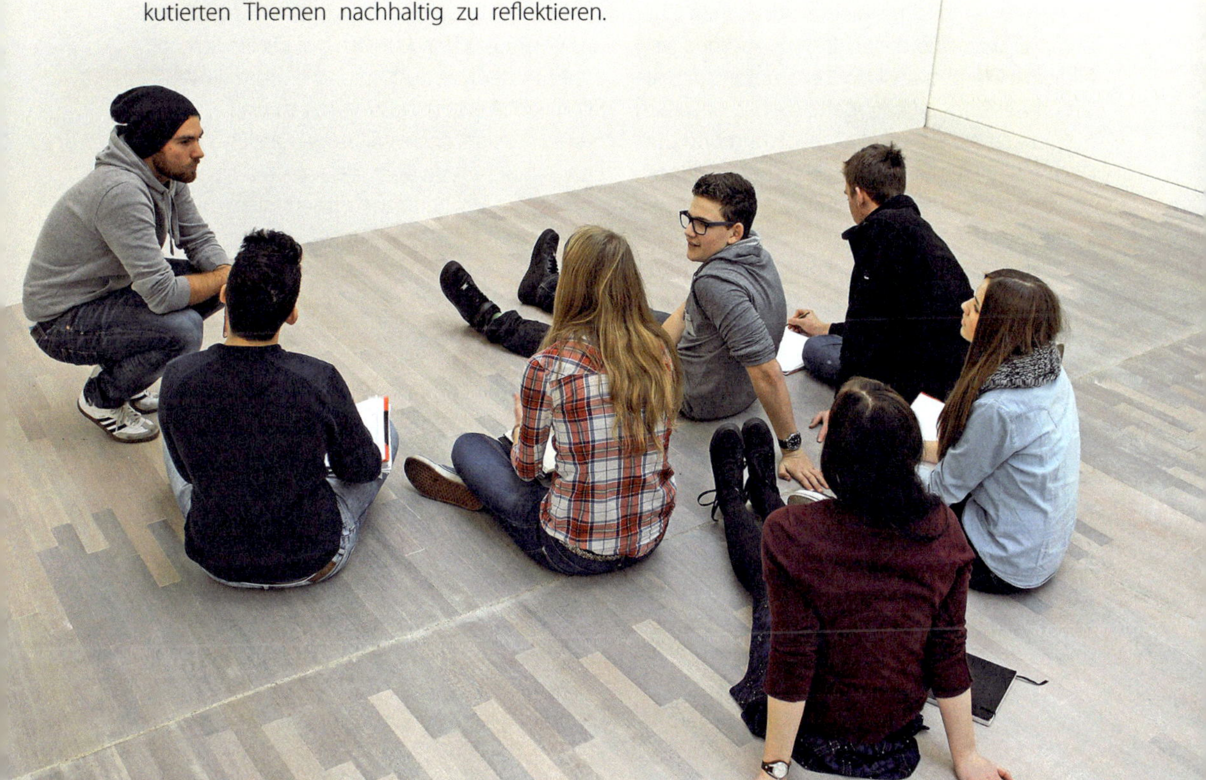

Wie bereits Lichtwark erwähnt, spielt dabei der Transfer vorhandener Erfahrungen und Kenntnisse der Schüler/innen auf die Kunstbetrachtung eine wichtige Rolle und wird bewusst genutzt, um das selbständige Lernen im Museum zu unterstützen. »Learning can only occur when visitors can connect to what they already know, can make an association between what they bring to the exhibition and what is presented«, stellt George E. Hein fest.[7]

Anders jedoch als es Lichtwarks einführende, progressive Thesen erwarten lassen, dokumentieren seine Praxisbeispiele eine autoritäre Gesprächsführung, in der geschlossene Fragen dominieren. In der heutigen Arbeit mit Schulklassen hingegen kommt es auf eine offene Moderation an, die individuelle Zugänge zur Kunst ermöglicht und nicht nur auf »richtige« oder »falsche« Antworten hinausläuft. Indem die Schüler/innen ihre Analyse der Kunst diskutieren und vor den Originalen argumentativ untermauern müssen, finden eine sukzessive Sensibilisierung für die künstlerischen Phänomene und eine nachhaltige Förderung von Bildkompetenz statt. Den Lehrkräften fällt die verantwortungsvolle Aufgabe zu, das Gespräch in Gang zu bringen und es umsichtig und ausgewogen zu leiten. Sie reagieren auf die eingebrachten Ideen, unterfüttern die Diskussion mit kunsthistorischen Fakten und betten die Beiträge der Schüler/innen in komplexere Zusammenhänge ein. In das Gespräch über die Kunst fließen unvermeidlich auch Gefühle, Haltungen und Wertvorstellungen der Teilnehmer/innen ein, die sehr disparat ausfallen können. »Attitudes, values and self-confidence affect learning processes. Cognitive knowledge (information, facts) cannot be separated from affective knowledge (emotions, feelings, values)«,[8] legt die Expertin für Museum Studies Eilean Hooper-Greenhill dar. Vergleicht man heutige Klassenstrukturen mit der Zusammensetzung der Schulklassen in der Zeit Lichtwarks, erweist

sich eine diskursive Form der Vermittlung als umso wichtiger. Eine sensible Gesprächsführung eröffnet die Chance, dass Schulklassen mit unterschiedlichem sozialem und kulturellem Hintergrund in eine Diskussion über Kunstwerke einsteigen, deren Themen, Motive und Formensprache ihrem Leben und ihren Interessen zunächst fremd erscheinen. Während die Schule als Bildungseinrichtung fest in ihrem Alltag verankert ist, stellen das Kunstmuseum und seine Inhalte für manche Schüler/innen eine völlig neue Erfahrung dar. Die Institution und die Auswahl der dort gezeigten Werke repräsentieren einen Wertekanon, der vielen jüngeren Besucher/innen nicht vertraut und selbstverständlich ist. Ein für heterogene Impulse aufgeschlossener Dialog ermöglicht es den Schüler/innen, ihre individuelle Perspektive auf die Kunst zu reflektieren und sich das kulturelle Erbe, das durch das Museum und seine Inhalte verkörpert wird, selbstbestimmt anzueignen.

Das Konzept der »Denkwerkstatt« bricht die von Alfred Lichtwark kritisierte frontale Form des Vortrags schon insofern auf, als die Schüler/innen in der Kunstsammlung Nordrhein-Westfalen von Werk zu Werk wandern und an jeder neuen Station anderen Studierenden begegnen, mit denen sie über die Arbeiten sprechen. Dieses System garantiert ihnen nicht nur ein abwechslungsreiches Kunsterlebnis, sondern auch eine sehr lebendige Form der Vermittlung. Den Studierenden gestattet es, ihre Inhalte und Methoden in verschiedenen Gruppenkonstellationen zu erproben und die Resultate zu vergleichen. Bei den Begegnungen wurde deutlich, dass die Schüler/innen sehr unterschiedlich auf die Werke reagierten. In einer ersten Auswertung zeigten sich die Studierenden überrascht über die Divergenz der Reaktionen und bewerteten die Individualität der Rückmeldungen als interessantestes Ergebnis. In den Gesprächen wurde darüber hinaus offenkundig, dass die Schüler/innen von sich aus den

Kontext der Kunst hinterfragten und das Museum selbst zum Gegenstand der Diskussion machten. So thematisierten sie beispielsweise den Bilderrahmen eines Gemäldes und erkundigten sich, ob er als Teil des Werks zu verstehen sei. Vor Arbeiten von Paul Klee stellten sie die Frage, wie das Museum zu den Bildern gekommen sei und sprachen implizit Themen der Provenienz und Institutionsgeschichte an. Um ihre eigenständige Auseinandersetzung mit dem kulturellen Erbe zu unterstützen, ist es daher heute sinnvoll, das Museum selbst, seine Historie und Funktion transparent zu machen. Vor dem Hintergrund einer zunehmend von Migration und den Auswirkungen der Globalisierung geprägten Gesellschaft bietet die Arbeit mit jungen Besucher/innen die Chance, sowohl die Kunstwerke als auch die Kriterien ihrer Auswahl und Präsentation im Museum aus neuer Perspektive zu beleuchten.[9]

Das Projekt der »Denkwerkstatt Museum« verbindet die Ausbildung künftiger Kunstlehrer/innen mit dem Museumsbesuch von Schulklassen und schöpft in beispielhafter Weise das Potenzial der Kunstbetrachtung vor Originalen aus, das auch für Lichtwark von zentraler Bedeutung war. »Es bedarf wohl kaum der Betonung, dass ausschließlich von Originalwerken auszugehen ist«,[10] konstatiert der Kunsthistoriker in seinen »Übungen«. Auch heute noch kann die Analyse selbst hochwertiger Digitalisate nicht die Begegnung mit den Originalen ersetzen, weil die Werke erst in der direkten Anschauung ihre authentische Dimension und Farbgebung zu erkennen geben. Vor allem aber offenbart das Kunsterlebnis im Museum die faszinierende Wirkung ihrer unmittelbaren physischen Präsenz. Die Bemerkung einer Schülerin veranschaulicht, dass ihr und vielen Mitschüler/innen die Qualität dieser Erfahrung in der »Denkwerkstatt Museum« bewusst wurde: »In großen Räumen fühlt man sich oft einsam – hier nicht, denn die Bilder sind ja hier.«

7 George E. Hein, Learning in the Museum, London/New York [7]2005, S. 152.

8 Hooper Greenhill, Museums and Education (wie Anm. 6), S. 35.

9 In Reaktion auf die gegenwärtigen gesellschaftlichen Umbrüche hat die Kunstsammlung Nordrhein-Westfalen das Forschungsprojekt »Museum global?« entwickelt. Im Projekt sollen die Geschichten der Sammlung neu erzählt und die Klassische Moderne und der zugrundeliegende Kanon untersucht und hinterfragt werden. Informationen unter: http://www.kunstsammlung.de/forschen/museum-global.html.

10 Lichtwark, Übungen (wie Anm. 3), S. 29.

»IST ES NICHT SEHR GEWAGT, SICH AUF EINE FARBE FESTZULEGEN?«

Kennen Sie das »International Klein Blue«, kurz: IKB? Falls Sie sich mit der Kunst des 20. Jahrhunderts auskennen, wird die Antwort »Natürlich!« lauten. Fragt man jedoch eine Gruppe Jugendlicher, schaut man in ratlose und fragende Gesichter. Woher sollen sie es kennen? Im Schulunterricht wird nur sehr selten über die Künstler des »Nouveau Realisme«, jener Künstlergruppe, die sich Anfang der 1960er Jahre gründete und deren Manifest Yves Klein zwei Jahre vor seinem Tod mit unterzeichnete, und ihre Ziele gesprochen. Eigentlich schade, denn Künstler wie Yves Klein (1928–1962) haben sehr nah an den grundsätzlichen Fragen gearbeitet, die sich Schülerinnen und Schüler der Oberstufe zur modernen und zeitgenössischen Kunst stellen: Ab wann ist etwas Kunst? Was macht ein Werk überhaupt zur Kunst? Und wer bestimmt dies?

Yves Klein verwendete reine Pigmente eines strahlenden synthetisch hergestellten Blautons, der an Ultramarinblau erinnert, und brachte diese auf unterschiedliche Materialien auf.

Gemeinsam mit einem Chemiker hatte Klein diesen Farbton in einem aufwändigen und langwierigen Prozess entwickelt und eine Technik herausgearbeitet, mit der er die Pigmente in ihrer Reinform auftragen konnte, sodass die Mattheit der Pigmente erhalten blieb.

In Düsseldorf ist eines seiner Schwammreliefs zu sehen. Während der Vermittlung des »Schwammrelief RE15« (107 x 60 cm) von Yves Klein fragte mich eine Schülerin, ob es nicht sehr gewagt sei, sich auf eine Farbe festzulegen, da jeder Betrachter die Farbe anders wahrnehme. Eine herrliche Frage, die unser Gespräch weiter voran brachte. Warum sehen wir die Farbe immer nur als eine Eigenschaft von etwas, warum sprechen wir von einem türkisfarbenen Tuch und nicht von einem tuchförmigen Türkis?

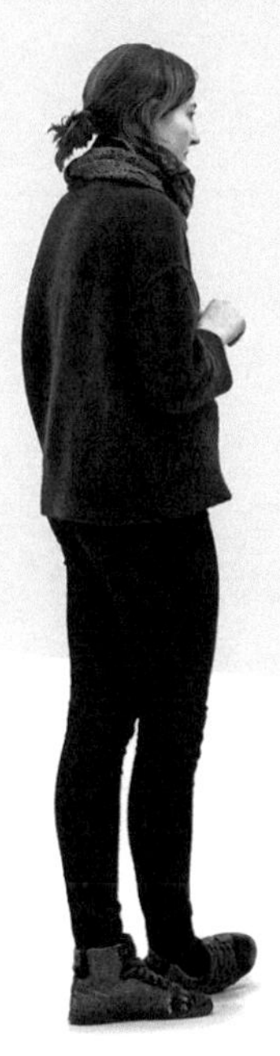

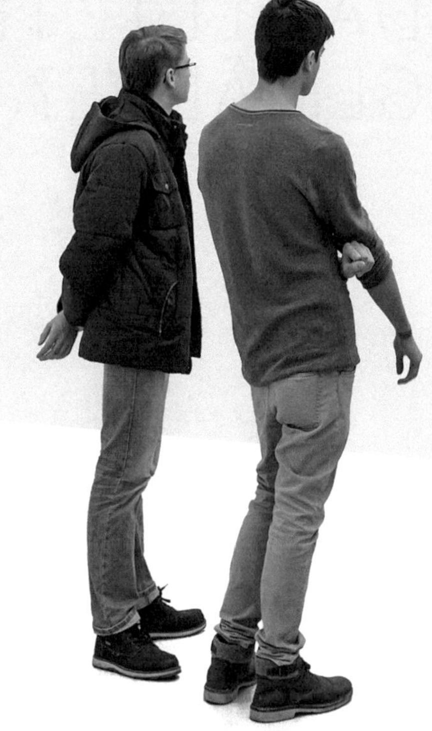

Da das Düsseldorfer Werk durch Plexi-Glas geschützt ist, wird die Farbwirkung leicht verändert wahrgenommen. Deshalb nutzte ich als Hilfsmittel zur Vermittlung ein Lupenglas mit blauen Pigmenten. Durch das Lupenglas erhielten die Jugendlichen einen genaueren Blick auf die Farbe im Rohzustand; manche ihrer Fragen zu Konsistenz und Mattheit der Farbe konnten sie sich nun selbst beantworten: Warum scheinen die Farben auf den Werken anderer Künstler eine andere Konsistenz zu besitzen? Wie hat Klein es geschafft, die Mattheit und Strahlkraft der Pigmente zu erhalten?

Auf der Grundlage dieser Erkenntnisse und Fragen ist eine weitere Beschäftigung mit den Werken von Yves Klein auch an anderen Orten, wie beispielsweise dem Musiktheater in Gelsenkirchen interessant. Die von Klein im Foyer des Musiktheaters ausgeführten wandfüllenden Reliefs (sie sind jeweils ca. 20 x 6 m groß) machen die intensive Strahlkraft des Blautons in einer anderen Dimension an einem Ort des öffentlichen Lebens erlebbar.

INGA MICHAELIS

DAS LETZTE GEMÄLDE?

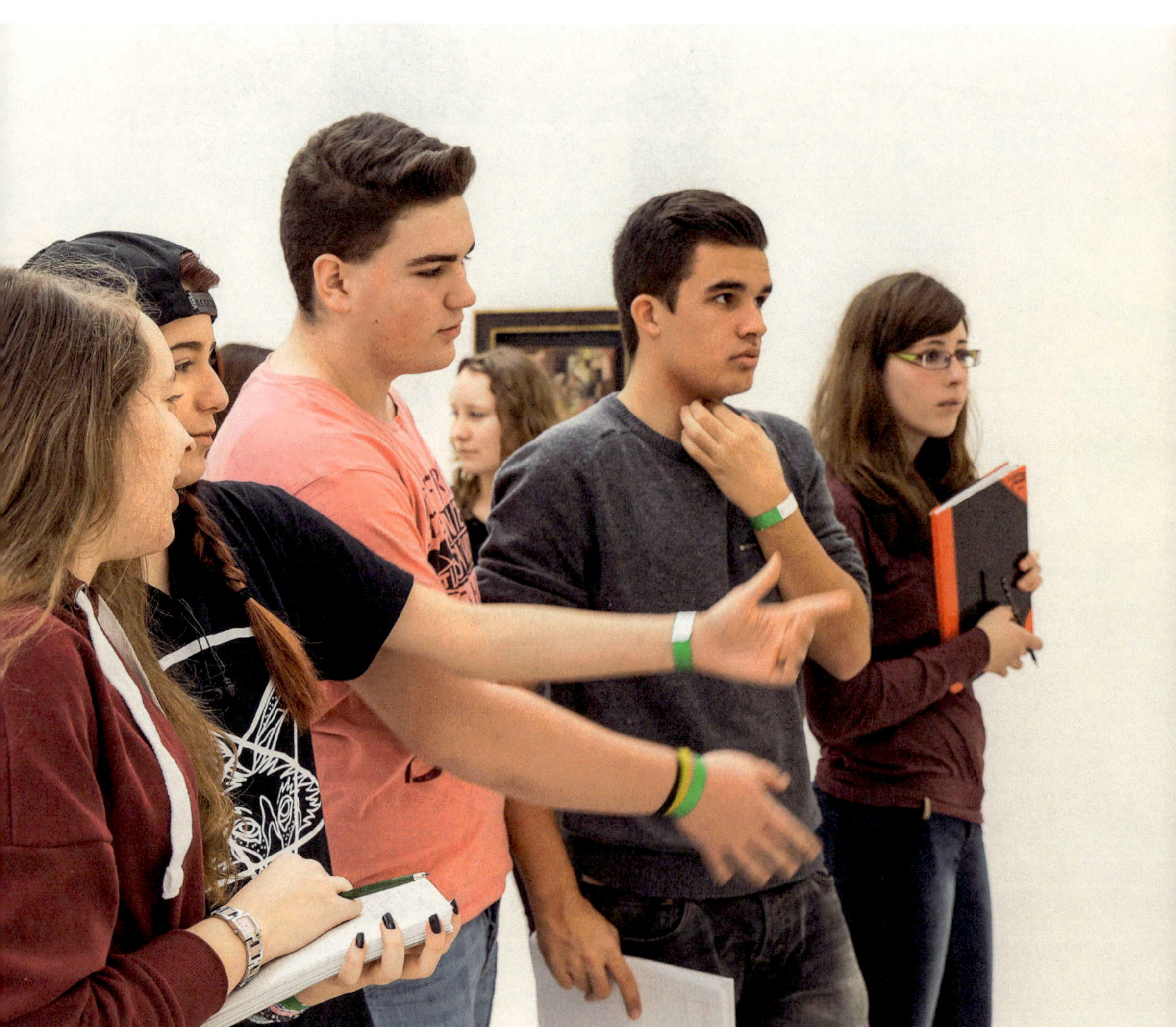

Ad Reinhardts »Black Paintings« lassen sich in Reproduktionen nicht annäherungsweise vermitteln. Nur am Original lässt sich durch wechselnde Betrachterstandpunkte die subtile Struktur in der schwarzen Malfläche mit den Augen ertasten. Doch versagt das gesamte Repertoire an Bildbeschreibungen vor diesem Werk. Es wirkt monochrom – ist also nichts dargestellt? Handelt es sich einfach um ein langweiliges schwarzes Quadrat? Auch dann, wenn das Schwarz eine Textur aufweist?

Die »Denkwerkstatt Museum« mutet den Beteiligten eine Begegnung mit einem »Black Painting« zu – gerade weil es so fremdartig mit allen Seherwartungen bricht. Doch dies nicht ohne Grund, denn dieses Werk steht für eine spezifische bildhistorische Konstellation. Es kommt in seinem Format (1960–1966; 152,4 x 152,4 cm), anders als beispielsweise das großformatige Werk »Number 32, 1950« von Jackson Pollock, wie ein traditionelles Gemälde daher. Doch unterscheidet es sich in jeder anderen Hinsicht von solchen Gemälden: Es besitzt kein Bildthema, stellt im strengen Sinne also nichts dar. Auch bietet es keine Bildkomposition, keine Farben, keine Linien, ja nicht einmal Flächen im Bild. Es gibt nur

noch die schwarze Bildfläche selbst, doch die ist mehr als einfach nur schwarz! Schaut man sich in der Kunstsammlung Nordrhein-Westfalen um und versucht das Gemälde in Beziehung zu anderen Werken zu setzen, kann man vielleicht sagen: Es ist, als habe Ad Reinhardt das europäische Gemälde in die USA gebracht; das klassische Format entspricht diesem, doch die »Leere« des Bildes bzw. seine schwarze Objekthaftigkeit sorgen für Verwirrung. Für den europäischen Blick handelt es sich in der radikalen Abkehr von der Tradition um ein genuin amerikanisches Gemälde.

Ad Reinhardt hat in den letzten Jahren seines Lebens eine ganze Reihe solcher Gemälde angefertigt und mit ihnen immer wieder dieselbe bildhistorische Konstellation umspielt. Reduktion in ihrer reinsten Form, radikal auf die Spitze getrieben. »Ich fertige bloß das letzte Gemälde, das irgend jemand malen kann«, schrieb er im Jahr 1966.

Unschwer ist in K20 feststellbar, dass auch nach Ad Reinhardt noch Gemälde geschaffen wurden. Das Ziel der »Denkwerkstatt« ist es allerdings nicht, den Künstler eines Irrtums zu überführen. Es gilt vielmehr herauszufinden, auf welche bildhistorische Herausforderung Ad Reinhardt mit seinen »Black Paintings« eine Antwort suchte, und deren Gültigkeit auch aus heutiger Perspektive zu diskutieren.

EYLEEN RÖBERT

Kunstgeschichte unterrichten?

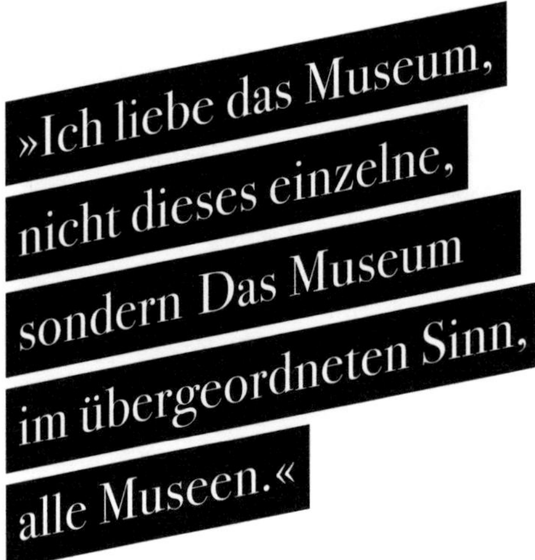

Eröffnungsvortrag auf der Tagung »L'enseignement de l'histoire des arts à l'école,
au collège et au lycée« (Kunstgeschichtsunterricht an Schulen), die im September 2009
in Paris an der Sorbonne stattfand.[1]

Sehr geehrte Damen und Herren,

ich pflege normalerweise nicht mich selbst zum Ausgangspunkt
meiner Vorträge zu machen. Ich hoffe, Sie können mir dies in diesem
Fall verzeihen. Ich habe eine erfolgreiche Laufbahn in den Museen
hinter mir. Davon arbeitete ich fast 40 Jahre im Louvre. Ich liebe
das Museum, nicht dieses einzelne, sondern Das Museum im übergeordneten Sinn, alle Museen. Doch dass ich diese Liebe entdecken
konnte, verdanke ich – leider, muss ich sagen – nicht der Schule, sondern meinen Eltern. Natürlich bin ich ihnen dafür zutiefst verbunden.
Doch lässt mich dies auch ein Bildungssystem infrage stellen, welches
denjenigen den Zugang zu den Museen fast unmöglich macht, die
nicht das Glück oder mehr noch: das Privileg haben, diese durch ihre
Eltern oder ihre Familie zu entdecken. Ein solches System ist das
Gegenteil von demokratisch. Es ist zutiefst ungerecht und unsozial,
elitär im negativsten Sinne.
Sicher ist diese Ungerechtigkeit der Grund dafür, dass Kunsthistoriker bereits seit langem einstimmig darum bemüht sind, die Kunstgeschichte – oder die »Geschichte der Künste«, aber darauf komme
ich später zurück – zu einem obligatorischen Unterrichtsfach in der
Oberstufe unserer Schulen zu machen. Der erste Kunsthistoriker,
der es zu seinem persönlichen Kampf erklärte, diese Ungerechtigkeit
zu beseitigen, war André Chastel.[2] Er konnte sich damals nicht durchsetzen und sein Anliegen ist bis heute nicht umgesetzt. Natürlich geht
es bei dieser Angelegenheit nicht nur um den Zugang zum Museum,
es geht um etwas viel Grundlegenderes.[3]
Doch nun gibt es Grund zur Hoffnung, eine neue Seite in dieser
Geschichte wird aufgeschlagen, und dies ist der Grund für meine
heutige Anwesenheit.

Die Schule lehrt das Lesen und Schreiben. Doch was sie nicht lehrt,
ist das Sehen. Mona Ozouf beschreibt dies sehr schön in ihrem
autobiografischen Essay »Composition française«.[4] Während eines
Besuchs des Schulrates in ihrer Klasse wird die junge und brillante
Schülerin (die sich selbst sicherlich nicht so charakterisieren würde)
zur Geschichte der Französischen Revolution befragt, welche sie
anhand des Bildbeispiels des »Ballhausschwurs« erklären soll.[5] Sie
kennt alle historischen Fakten und Details, doch ist es ihr unmöglich,
das Gemälde Davids zu kommentieren, obwohl dies doch ungleich

1   Die Tagung fand am 15. und
16.9.2009 statt; der Text von
Pierre Rosenberg wurde am
21.9.2009 publiziert: http://
www.latribunedelart.com/
enseigner-l-histoire-de-l-art
(letzter Zugriff am 17.11.2014).
Verfügbar ist auch eine Video-
aufnahme des Vortrags: http://
eduscol.education.fr/pid23656/
colloque-histoire-des-arts.html.
Wir danken Bénédicte Savoy
(Berlin) für den Hinweis auf den
Text und die Vermittlung der
deutschen Übersetzung. Pierre
Rosenberg gilt unser Dank für
die Erlaubnis, seine Rede hier
abzudrucken.

2   André Chastel (1912–1990),
französischer Kunsthistoriker, der
neben der französischen Wissen-
schaftstradition maßgeblich von
der Kunstgeschichte aus Deutschland exilierter Kunsthistoriker
geprägt war. Er hatte nach dem
Zweiten Weltkrieg – insbesondere
während der Amtszeit von André
Malraux als Kulturminister – maßgeblich Anteil an einer instituti-
onellen Verankerung des Faches
Kunstgeschichte in Frankreich an
Universitäten außerhalb von Paris
und verfasste zahlreiche Standard-
publikationen.

sprechender ist, verzeihen Sie mir dieses Oxymoron, als der viel-zitierte Ausspruch Mirabeaus. Hier die Beschreibung Mona Ozoufs: »In der 5. Klasse wurden die französischen Landschaften, die unseren Klassenraum bisher geschmückt hatten, durch Kupferstiche ersetzt, die die wichtigsten Ereignisse der Französischen Revolution illus-trierten. Ich wüsste nicht, dass die Lehrerin uns jemals aufgefordert hätte, uns diese auch anzuschauen. Doch ich kann mich lebhaft, und auch schmerzhaft, an den Besuch eines Herrn in der Geschichts-stunde erinnern, eines ›Inspektors‹ [Schulrates], wie geflüstert wurde, was die gesamte Klasse, die Lehrerin eingeschlossen, in fiebrige Aufregung versetzte. Wir waren im Unterrichtsstoff gerade beim 20. Juni 1789 angelangt. Die Lehrerin rief mich nach vorn, im Vertrauen darauf, dass ich meine Lektionen vorbildlich gelernt hätte. Sie hatte Recht, ich vergaß weder ›So sagen Sie ihrem König‹, noch ›nur durch die Gewalt der Bajonette‹.[6] Ganz anders sah es jedoch aus, als der Herr mich darum bat, das Bild zu kommentieren. Ich wusste nicht, dass das Gemälde von der Hand Davids ist, noch konnte ich den Dargestellten Namen zuordnen. Ich konnte weder die drei Per-sonen im Vordergrund benennen, die sich an Armen und Schultern halten. Auch derjenige, welcher auf einem Tisch stehend um Ruhe zu bitten scheint, eventuell um, wie in der Schule, die monatliche Rangliste zu verlesen, blieb ohne Namen. Ich war nicht einmal in der Lage, Mirabeau zu zeigen, dessen stolze Ausrufe ich gerade noch zitiert hatte. Um dem noch ein gutes Ende zu bereiten, bat mich der

3   2011 fand auf dem XXXI. Deutschen Kunsthistorikertag eine eigene, von Barbara Welzel geleitete Sektion zum Thema »Kunstgeschichte und Bildung« statt. In seinem Eröffnungsvortrag betont Reinhold Baumstark (geb. 1944), langjähriger Direktor der Bayerischen Staatsgemäldesamm-lungen und zuvor des Bayerischen Nationalmuseums München, die Rolle der Museen und des Faches Kunstgeschichte in Bildungs-kontexten: »Die Werke, denen sich die Kunstgeschichte lehrend und forschend zuwendet, die die Museen bewahren und für den Dialog mit den Betrachtern bereit halten, dienen dem Gedächtnis. Durch sie wird bezeugt, was Menschen bewegt und geformt hat, mit ihnen materialisiert sich die Erinnerung einer humanen Tradition.« Reinhold Baumstark, Kunstgeschichte und Bildung, in: Claudia Hattendorff/Ludwig Tavernier/Barbara Welzel (Hg.), Kunstgeschichte und Bildung (Dortmunder Schriften zur Kunst/ Studien zur Kunstgeschichte 5), Norderstedt 2013, S. 15–23, hier S. 23.

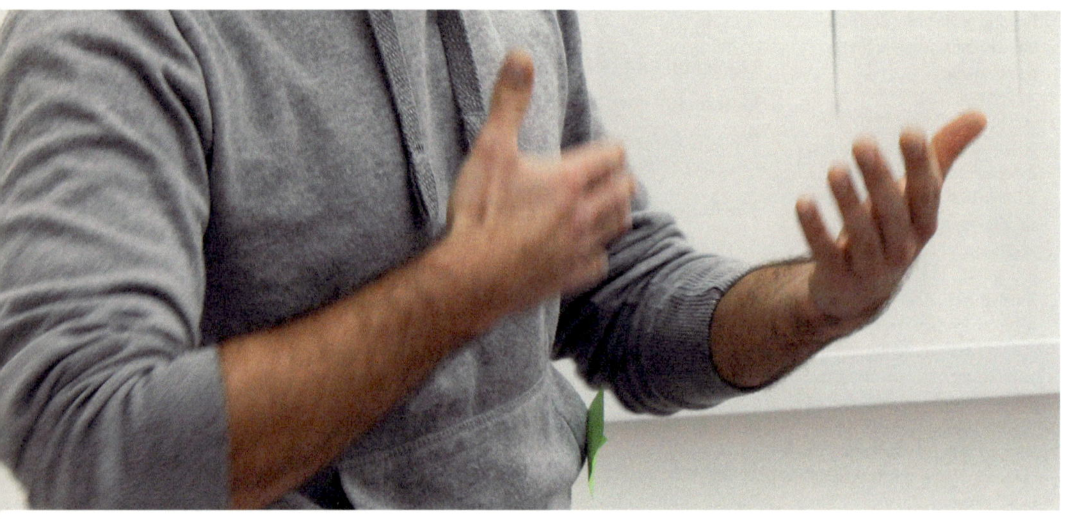

4   Mona Ozouf, Composition française. Retour sur une enfance bretonne, Paris 2009. Mona Ozouf (geb. 1931) ist eine französische Historikerin; ihr Forschungsschwerpunkt ist die Französische Revolution.

5   Wir haben uns entschieden, diesen Text nicht zu bebildern; allerdings fügen wir Erläuterungen hinzu, die die angesprochenen Kunstwerke leicht auffindbar machen. Pierre Rosenberg führt in seiner Rede Beispiele an, die zum kollektiven Bilderschatz Frankreichs gehören – eine ganz eigene Diskussion wäre es, ein solches Bild-Kompendium für Deutschland, oder besser noch: für Europa – zusammenzustellen. Hier ist die Rede von einem Gemälde von Jacques-Louis David (1748–1825), dessen politisches und künstlerisches Engagement für die Sache der Französischen Revolution seine Bilder dafür prädestiniert, etwa auch im Geschichtsunterricht verwendet zu werden. Der großformatige »Schwur im Ballhaus« blieb unvollendet und gehört zu den Sammlungen des Louvre. Der Aufklärer und Politiker Mirabeau (1749–1791) war u. a. Wortführer des Dritten Standes während der Französischen Revolution und 1791 Vorsitzender der Nationalversammlung.

6   »Allez dire à votre maître que la force des baïonnettes ne peut rien contre la volonté de la nation.« Diese Zitate entstammen einer Rede von Mirabeau (siehe Anm. 5), die dieser am 23.6.1789 gehalten hatte, als der Zeremonienmeister die Versammlung der Generalstände auflösen wollte. Heinrich von Kleist hat diese Rede als Exemplum in seinem Text »Über die allmähliche Verfertigung der Gedanken beim Reden« aufgegriffen; in seiner Übersetzung lautet das Zitat: »So sagen Sie Ihrem Könige, dass wir unsere Plätze anders nicht, als auf die Gewalt der Bajonette verlassen werden.« Vgl. Brandenburger Kleist-Ausgabe, Heinrich v. Kleist, Sämtliche Werke, hier: Bd. 2,9, hg. v. Roland Reuß in Zusammenarbeit mit Peter Staengle, Frankfurt am Main 2007, S. 27–32, hier S. 29.

einschüchternde Herr, doch wenigstens den Raum zu beschreiben, das Ballhaus, wo diese ganze Szene spielt. Das einzige, was ich jedoch zu sagen vermochte, war, mit dem Hinweis auf die wild fliegenden Vorhänge, dass es ›wohl windig sei‹. Ich spürte deutlich die Enttäuschung der Lehrerin, fühlte mich selbst elend. Es war die erste flüchtige Begegnung mit einer anderen Art, Geschichte zu erzählen.« Diese »andere Art, Geschichte zu erzählen«, von der Mona Ozouf hier schreibt, ist nichts anderes als Kunstgeschichte.

Sie werden nun fragen: »Was meinen Sie mit Kunstgeschichte?« Das ist sehr einfach, und ich wiederhole mich: Die Schule lehrt Lesen und Schreiben, doch was sie nicht lehrt, ist das Sehen. Kunstgeschichte ist nichts anderes als Sehen lernen. Kunstwerke erklären sich nicht selbst. Und heutzutage noch viel weniger als in früheren Zeiten: die klassische Mythologie, die Bibel, Venus, Achilles, Odysseus, Moses, Abraham, der heilige Franz von Assisi gehören heute nicht mehr zur Allgemeinbildung. Die Kunstgeschichte muss den Bildern ihren Sinn geben. Der »Bethlehemitische Kindermord« von Poussin zeigt eine biblische Geschichte.[7] Es gibt also ein Bildthema, welches man erklären muss. Gleichzeitig ist das Bild die Interpretation dieses Themas durch einen unserer größten Künstler. Zuletzt muss auch die Aktualität angesprochen werden, die das Motiv für Poussin haben musste, der zahlreiche Massaker an seinen unschuldigen Zeitgenossen miterlebte und hier darzustellen wusste. Chardin zeigt ein ganz anderes Bild des 18. Jahrhunderts, als es Boucher und Fragonard taten.[8] Wie können seine Genreszenen, seine Stillleben und die ihnen innewohnende Stille das französische 18. Jahrhundert versinnbildlichen? Die Schönheit, denn um diese dreht es sich hier doch – auch wenn ich Ihnen hier keine Definition des Wortes »schön« liefern werde –, die Schönheit der Gedichte Racines, eines Dreigesangs von Mozart, der »Montagne Sainte-Victoire«[9] ist nichts Selbstverständliches. Wir sind dafür nicht von Natur aus sensibilisiert. Und damit sich uns diese Künste erschließen können, müssen wir es wollen, müssen wir es lernen, müssen wir uns bilden. Ich möchte hinzufügen, dass wir auch nach diesem Lernen sicher niemals für alle Künste gleich offen sein werden – für Dichtung, Jazz, Architektur und Fotografie, für ozeanische Kunst oder frühe Italiener. Doch das Wesentliche ist, dass wir alle die Chance, die Möglichkeit und die Gelegenheit bekommen, diese Künste zu entdecken. Dass wir die Freiheit haben, zu wählen,

nach unserem Geschmack, unseren Vorlieben, unseren Neigungen.
Diese Wahl wird unser Leben bereichern und uns lebenslang beglei-
ten. Sie wird uns helfen, schwierige Momente zu meistern und uns
glücklich machen.

Kunstwerke erklären sich nicht selbst... Ich möchte Ihnen dies an
zwei Beispielen aufzeigen, die mir sehr am Herzen liegen, einem
religiösen Bauwerk und einem Gemälde. Zuerst: die Kathedrale von
Chartres. Bei diesem Monument fasziniert nicht nur die kurze Zeit,
in der es konstruiert wurde: in nur knapp 30 Jahren vom letzten
Jahrzehnt des 12. Jahrhunderts bis in die zwanziger Jahre des folgenden (ich gehöre zu jenen, für die die Chronologie, die historische
Einordnung, essentiell bleibt). Doch darüber hinaus: Waren hier
einer oder mehrere Architekten am Werk? Welches Vorwissen,
welche Erfahrungen hatten sie? Gab es Baupläne? Wer entwarf das
ikonographische Programm der Hauptfassade, des Königsportals,
der Portale im Norden, Westen und Süden? Woher kamen die Steine,
die hier verbaut wurden? Wie und von wem wurden sie transportiert?
Wer bezahlte dieses Bauwerk? Und wer wurde dafür bezahlt? Welche
Ausbildung hatten die Bildhauer: Waren es lokale Steinmetze, oder
zogen sie von Baustelle zu Baustelle? Und die Kirchenfenster, mit
denen der Kathedrale von Bourges die schönsten in ganz Frankreich. Die Technik der Glasmalerei, die Technik, diese bleiernen
Strukturen zu schaffen, in die die Glasfelder eingesetzt werden, mit
der die Mineralien dem noch flüssigen Glas hinzugefügt werden,
um diese leuchtende Färbung zu erreichen. Wie entstanden diese
wunderbaren Farben, dieses unvergessliche Blau der »Blondine mit
den blauen Augen«, um Huysmans zu zitierten?[10] Chartres, Amiens,
Notre-Dame in Paris, Reims, vielleicht auch Beauvais, wie kann man
diese Monumente vergleichen? Was bedeutet gotisch? Woher kommt
diese Bezeichnung? Die Kathedrale von Chartres ist eindeutig ein
religiöses Bauwerk, doch warum ist sie das Ziel so vieler Reisender
von überall, von Christen, Muslimen oder anderen Gläubigen ebenso
wie von Atheisten?

Soviel zu diesem religiösen Monument. Nun zu einem Gemälde
mit profanem Thema, dem »Falschspieler mit dem Karo-Ass« von
Georges de La Tour.[11] Was sehen wir? Es handelt sich eindeutig um
eine Spielszene. Das Bild zeigt uns zwei Frauen und zwei männliche

7   Nicolas Poussin (1594–1665)
    wird zu den bedeutendsten franzö-
    sischen Malern gezählt; wichtige
    Forschungen zu diesem Künstler
    verdanken sich Pierre Rosenberg.
    Der 1628–1630 gemalte »Kinder-
    mord in Bethlehem« befindet sich
    im Musée Condé in Chantilly.

8   Jean Siméon Chardin (1699–
    1769) wurde als erster Stillleben-
    maler in die Königliche Akademie
    aufgenommen; François Boucher
    (1703–1770) war Hofmaler
    Ludwigs XV.; Jean Honoré Fra-
    gonard (1732–1806) gehörte als
    Schüler Bouchers ebenfalls zu den
    bedeutendsten Malern des späten
    Ancien Régime.

9   Das Gebirge im Süden Frankreichs
    wurde in zahlreichen Gemälden
    von Paul Cézanne (1839–1906)
    wiedergegeben.

10 Joris-Karl Huysmans (1848-1907)
    war ein französischer Schriftstel-
    ler, der 1898 einen Roman »La
    Cathédrale«, der in der Kathedrale
    von Chartres spielt, veröffentlicht
    hatte und über die Madonna am
    Nordquerhaus schreibt.

11 Georges de La Tour (1593–
    1652), ebenfalls ein bedeutender
    französischer Maler, der in Loth-
    ringen arbeitete. Pierre Rosenberg
    beschreibt hier ein Gemälde aus
    den Sammlungen des Louvre.

Gestalten. Eine der Frauen steht, die drei anderen Personen sitzen.
Die junge stehende Frau, eine Bedienstete, hält in der einen Hand
ein Glas Wein, in der anderen die Weinflasche. Mit gesenktem Kopf
blickt sie verstohlen zu dem Mann, der vorne links im Bild sitzt. Sie
trägt einen leuchtenden topasfarbenen Turban mit angesteckter
Feder. Vor ihr sitzt eine weitere, etwas ältere Frau mit einem Gesicht
in der Form eines Straußeneis und einem sehr großzügigen Dekolleté
– welche auch zu dem Mann vorne links schaut. Sie trägt einen sehr
ungewöhnlichen Federhut und eine Kette aus großen Perlen. Sie hält
eine Spielkarte in ihrer linken Hand. Vor ihr auf dem Tisch liegen
einige Goldmünzen. Rechts im Bild sieht man einen sehr jungen
Mann, einen Jüngling, der reich und extravagant gekleidet ist. Er
trägt ebenfalls einen Hut mit großer Feder. Auch er hält seine Karten,
vor ihm liegen seine Goldmünzen. Links endlich, ein zweiter junger
Mann, der sich uns zudreht, wie um unsere Aufmerksamkeit auf sich
zu ziehen, uns die Szenen zu erklären und uns zu seinen Komplizen
zu machen. In seiner rechten Hand hält er seine Karten, ein Karo-
Blatt. Mit der Linken zieht er hinter seinem Rücken, nur für uns
sichtbar, das Karo-Ass aus seinem Gürtel, die Karte der Falschspieler. Er ist der Falschspieler. Mit seinen zwei Komplizinnen, welche
sich durch ihre Blicke und ihr Handspiel verraten, hat er den jungen
Dummkopf ausgenommen, ihn zum Narren gehalten. Die Aussage
des Bildes wird klar: Junge Leute, hütet euch vor den Reizen des
Weins, der Frauen und des Glücksspiels!

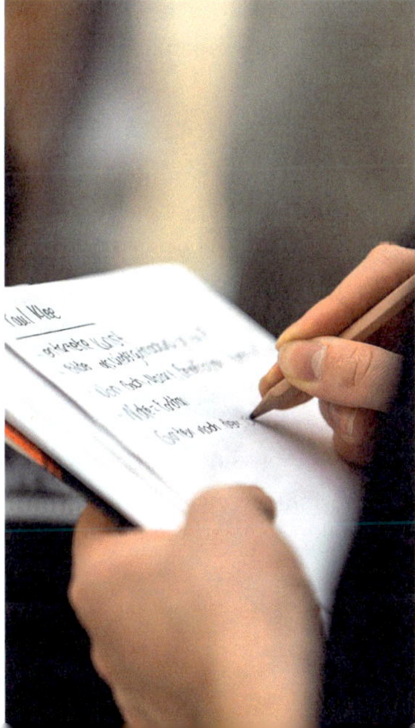

Über diese erste Bildbotschaft hinaus, drängen sich weitere Fragen auf. Das Bild ist mit »Georgius de la Tour« signiert. Wer ist Georges de La Tour? Wieso signiert er in Latein? Wo lebte er? Dies ist schnell zu beantworten: in Lothringen. Was passierte in Lothringen in der ersten Hälfte des 17. Jahrhunderts? War de La Tour bereits zu Lebzeiten bekannt und erfolgreich? Wie und durch wen wurde dieser Maler entdeckt? (Ich kann nicht widerstehen, Ihnen diese Antwort selbst zu geben: Er wurde nach langem Vergessen durch die Kunstgeschichte wiederentdeckt, was einer ihrer größten Erfolge ist.) Man bewunderte zuerst vor allem seine religiösen Darstellungen nächtlicher, nur von Kerzenlicht beleuchteter Szenen, später auch die profanen Szenen in Tageslicht. Wie kam es zum heutigen außerordentlichen Ruhm?

Und die Fragen hören nicht auf: Wann entstand das Bild? Welches Spiel wird hier gespielt? Dies kann ich beantworten: Es ist »Siebzehn und vier«, ein Vorläufer des »Black Jack«. Ein Blick auf das Glas, welches die Bedienstete in der Hand hält: Wo wurde es hergestellt? Weshalb kann man die Frau in der Bildmitte, mit dem Gesicht in Form eines Straußeneis, als Kurtisane identifizieren, als Prostituierte? Die Perlen um ihren Hals stammen von Venus, der Göttin der Liebe. Wenn sie besonders groß sind, wie in dieser Darstellung, werden sie zum Symbol der käuflichen Liebe. Wann und durch wen wurde dieses Bild entdeckt? Wieso kauft es der Louvre 1972 an? Wie kam der Preis von 10 Millionen alten Francs zustande? Im oberen Bereich des Bildes wurde ein Leinwandstreifen von 10 Zentimetern angefügt. Wieso? Und wieso wurde er nicht wieder entfernt? Das kalte Licht, die Schatten und die Farben, die Maltechnik, die Komposition: Viele weitere Fragen können aufgeworfen werden.

Es existiert eine zweite Version dieses Bildes: Sie zeigt einige Veränderungen zu diesem ersten und befindet sich im Museum von Fort Worth in Texas. Doch was genau ist mit »zweiter Version« gemeint? Was bedeutet es, dass ein zweites Exemplar eines solchen Bildes existiert? Entstand das amerikanische Bild vor oder nach demjenigen im Louvre?

Welcher Schule, welcher Bewegung, ist dieses Bild zuzuordnen? Man hat dieses Bild mit der Hell-Dunkel-Malerei des Caravaggio in Verbindung gebracht: Was bedeutet dies? Wie sind Beziehungen zu Caravaggio in Lothringen im 17. Jahrhundert zu erklären? Ist das Bild realistisch? Stellt es eine alltägliche, zeitgenössische Szene dar, oder handelt es sich vielmehr eine moralisierende Allegorie? Über die pittoreske und detailreiche Szene hinaus, beschreibt de La Tour hier in dem für ihn typischen nüchternen Zynismus den Triumph der Blender über die Unschuld der Jugend. Stellt er dies dar, um uns zu warnen, oder zeigt er eine Wahrheit, die sich niemals ändern wird? Schülerinnen und Schüler aller Altersstufen sollten sich diese Fragen stellen, sie an ihre Lehrerinnen und Lehrer richten. Man muss diese Neugierde wecken. Ihnen das Sehen beibringen. Mit ihren Augen, aber auch mit ihrem Wissen. Man muss sie emotional ansprechen. Und nur Kunsthistoriker können dies erreichen.

Erlauben Sie mir eine kurze Klammer: Ich habe über Chartres und Georges de La Tour gesprochen, doch ich hätte genauso über die Allée de Tourny in Bordeaux, das Familistère de Guise von Jean-Baptiste André Godin, die Place du Peyrou in Montpellier, die Place Stanislace in Nancy oder das Grabmal des Marschalls von Sachsen in Straßburg, den Pont du Gard in Südfrankreich, die Kapelle von Ronchamp, die Kathedrale von Evry, das Viadukt von Millau ... sprechen können.[12] Die Städte und Dörfer Frankreichs sind reich an Kunstwerken aus allen Jahrhunderten von den Höhlen von Lascaux bis zur königlichen Saline in Arc-et-Senans, vom Schatz von Conques bis zum Isenheimer Altar. Frankreich darf, nach Italien, die größte Zahl an beeindruckenden Werken und Monumenten der Kunstgeschichte sein eigen nennen. Selten, viel zu selten, sind dagegen die Einwohner dieser reichen Städte, die sich dafür interessieren, sich dieses kulturellen Reichtums bewusst sind. Wer weiß schon, dass in der Kirche St. Martin von Nohant ein Meisterwerk von Jean Fouquet aufbewahrt wird? Dass die Kirche St. Vincent du Mas-d'Agenais einen außergewöhnlichen Rembrandt besitzt? Dass man in der Kathedrale von Evreux ein wunderbares Werk von Gian Antonio Guardi bewundern kann? Oder dass sich im Museum von Pau eines der schönsten Bilder von Degas versteckt? Ich könnte mit solchen Beispielen unendlich fortfahren. Doch der Punkt, den ich hier herausstellen möchte, ist, dass die Schulbildung und die Kunstgeschichte eine grundlegende Rolle bei der Entdeckung dieses Kulturerbes übernehmen sollten. Unsere Städte und Dörfer, die von vielen ihrer Bewohner nur mit Verachtung und Geringschätzung gesehen werden, sollten durch diese frühe Entdeckung ihres kulturellen Reichtums bereits von der Schulzeit an höher geschätzt werden. Ich erinnere nur kurz daran,

12 Zu allen hier von Pierre Rosenberg genannten Monumenten und Objekten lassen sich sehr leicht aussagekräftige Informationen im Internet recherchieren – deshalb kann hier auf Erläuterungen verzichtet werden. Wieder stellt sich die Frage (siehe Anm. 5), welche Monumente in einer solchen Aufzählung für Deutschland zu nennen wären, für Europa und vielleicht auch, ob die hier erwähnten Monumente Teil eines gemeinsamen europäischen Gedächtnisraumes sind. Für Großbritannien kann in diesem Kontext auf die Bemühungen von Roy Strong (geb. 1935), des langjährigen Direktors des Victoria & Albert Museum (nachdem er zuvor Direktor der National Portrait Gallery gewesen war) verwiesen werden, der Monumente in der Country-side Englands nachdrücklich ins Bewusstsein gebracht hat.

dass unser Land jedes Jahr von 80 Millionen Touristen bereist wird, die von unserem Kulturerbe angezogen werden, welches wir selbst so wenig schätzen. Die Kunstgeschichte dient diesem Kulturerbe und in dieser Funktion gewissermaßen auch unserer Wirtschaft.

Das Feld der Kunstgeschichte ist immens. In zeitlicher Hinsicht reicht es vom Beginn der Menschheit bis in unsere Tage, umfasst Vergangenheit und Gegenwart. Räumlich erstreckt es sich über alle Kontinente, von den Inuit in Alaska bis zur Kunst der Aborigines in Australien, weit über die »weiße« Welt hinaus. Das Feld der Forschungsthemen ist unendlich, ich fange nicht an diese aufzulisten, da diese Liste immer unvollständig bleiben würde. Die Ikonographie, Ikonologie, Archäologie, Ästhetik, Architektur, der Urbanismus, die Restaurierung von Kunstwerken, die Geschichte der Restaurierungspraxis, der Kunstmarkt, das Mäzenatentum, die Sammler, die Kunstsoziologie, der Feminismus (der Bereich des »gender«, der in der angelsächsischen Forschung so wichtig ist), die Kunstkritik, die Zensur, der Akt, die Kunstskandale, welche von der Presse so gern aufgenommen werden, die außereuropäischen Künste, der Vandalismus (von den religiösen Bilderstürmen bis zur Französischen Revolution), der Kunstraub von den Römern bis zu den Nazis, die Salon-Maler, der Raub der Mona Lisa, die Frage der Rückkehr der »Elgin Marbles« nach Griechenland.[13] Weshalb hat der Akademiemaler Léon Bonnat seine wunderbare Sammlung von Gemälden und Handzeichnungen dem Museum in Bayonne vermacht? Wie konnte er die beeindruckenden Meisterwerke kaufen, welche sich in dieser Sammlung befinden? Was ist eine Kopie, eine Replik, ein Pasticcio, eine Fälschung? Wer hat die Impressionisten entdeckt?

Natürlich beschränkt sich die Kunstgeschichte nicht auf Frankreich. Sie interessiert sich ebenso für das präkolumbianische Amerika wie für die Kunst auf den Kykladen, für Andy Warhol und Ägypten, die Archäologie, die Architektur, die Bildhauerei, das Kino und die Fotografie. All diese Werke der Kunst, von den ältesten bis zu den jüngsten, von den bescheidensten bis zu Versailles, vom Kirchturm der kleinen Dorfkirche bis zu einer Statue, welche in der Dritten Republik aufgestellt wurde. Und in diesem Sinne verstehe ich die Kunstgeschichte als eine »Geschichte der Künste«, als eine »Geschichte der Bildkünste«.

13 Im Jahr nach der Rede von Pierre Rosenberg erschien in London »A History of the World in 100 Objects« von Neil MacGregor (deutsch: »Eine Geschichte der Welt in 100 Objekten«, München 2010 und spätere Ausgaben). Neil MacGregor (geb. 1946) ist Direktor des British Museum in London (nachdem er Direktor der National Gallery gewesen war); Ende 2015 geht er als Gründungsintendant des Humboldtforums nach Berlin. Zunächst in einer Sendereihe der BBC 4 (www.bbc.co.uk/ahistoryoftheworld/ [letzter Zugriff 18.11.2014]) hatte Neil MacGregor 100 Objekte aus den Sammlungen des British Museum vorgestellt, um an ihnen eine ganze Weltgeschichte zu entfalten. Als Nummer 27 wird einer der »Elgin Marbles«, eines der Reliefs vom Parthenon in Athen, mit seiner Geschichte vorgestellt.

14 Für die deutschen Lehrpläne im europäischen Vergleich: Ludwig Tavernier, Hilfswissenschaft oder Bildungsfach. Überlegungen zur Rolle der Kunstgeschichte im Schulunterricht, in: Hattendorff/Tavernier/Welzel, Kunstgeschichte und Bildung (wie Anm. 3), S. 49–61, mit vergleichbarer Kritik.

»Geschichte der Künste«, dies liest man im »Bulletin officiel«, Sonderausgabe Nr. 6, des Ministeriums der »Education nationale«, welches am 28. August 2008 unter dem vielversprechenden Titel »Organisation des Unterrichts der Geschichte der Künste« (»Organisation de l'enseignement de l'histoire des arts«) erschien. Ich zitiere die sechs großen Bereiche der Kunst, die hier aufgenommen wurden:[14]

- Räumliche Kunst: Architektur, Urbanismus, Gartenkunst, Landschaftskunst etc. Sehr schön.

Es folgen:

- Die Künste der Sprache: vor allem Literatur.
- Die gewerblichen Künste: gemeint sind künstlerische Berufe, »arts populaires«, Design.
- Die Klangkunst: mit anderen Worten, die Musik.
- Die darstellenden Künste: Theater etc. ...

Die letzte Rubrik dieser sechs großen künstlerischen Gattungen:

- Die bildenden Künste: Malerei, Skulptur, Zeichnung, die Bildhauerei, das Kino etc. ...

Natürlich, und das allein ist bereits ein immenser Fortschritt, den man nicht genug hervorheben kann, soll dieser Unterricht obligatorisch sein für alle Schüler (ein weiteres Oxymoron) in der Grundschule, in Mittel- und Oberstufe. Doch verstehen Sie sicher auch meine Überraschung, Verblüffung und Sprachlosigkeit über diese befremdliche Auflistung, diese Unterteilung.

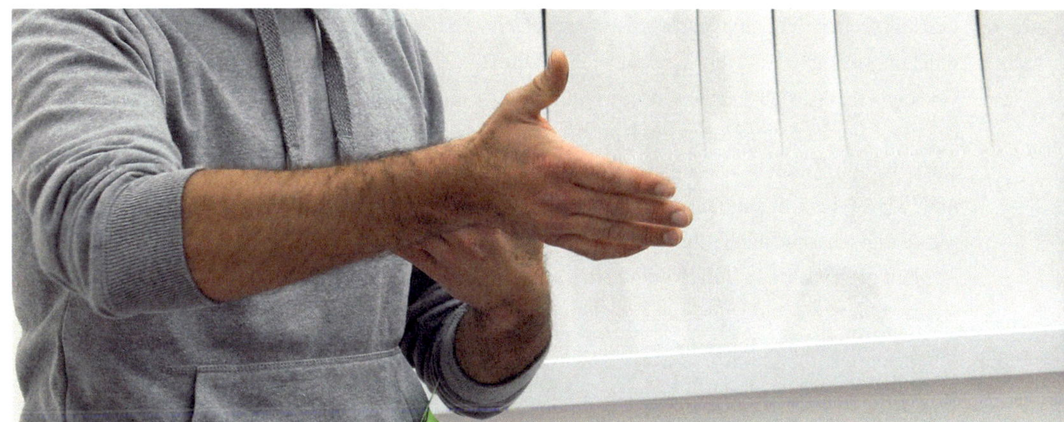

In diesem Programm werden zwei Bereiche vollständig ausgespart:
die Archäologie (und dies bleibt mir völlig unverständlich, ist doch
gerade die Archäologie ein wunderbares Mittel, die Verbindung
zu lokalen Themen herzustellen) und – ich wage nicht, es ein sehr
bezeichnendes Versäumnis zu nennen – die Kunstgeschichte.
Sicher, man findet die Kunstgeschichte in der Eingangsformel der
Verordnung: »Die Geschichte der Künste beinhaltet die Kunstgeschichte durch die Bereiche der räumlichen Kunst, der bildenden
Kunst und des Kunstgewerbes.« Doch nur wenige Zeilen weiter
oben werden die Klangkünste und die Künste der Sprache angesprochen, welche, so scheint es mir, bereits ein fester Bestandteil
des Unterrichts in Mittel- und Oberstufe sind. Es entsteht der Eindruck, dass man mit diesem Erlass, verzeihen Sie mir diese Rede-
wendung, das Kind mit dem Bade ausschütten wollte. Die guten
Intentionen, die dahinterstehen, müssen trotzdem hervorgehoben
werden.
Ich frage mich, ob die Kunsthistoriker – heute hier in Frankreich
organisiert im Französischen Komitée für Kunstgeschichte
(»Comité français d'histoire de l'art«, kurz »CFHA«) und im
»APAHAU« (Verein der Dozenten für Archäologie und Kunstgeschichte, »L'association des professeurs d'archéologie et d'histoire
de l'art des universités«) – bei der Entstehung dieses Erlasses invol-
viert waren? Wurden sie um ihre Meinung gebeten?[15]
Ich möchte nicht pessimistisch wirken. Ein wichtiger Schritt wurde
gemacht und dieser kann nicht mehr rückgängig gemacht werden.
Außerdem hat der neue Kulturminister einen Berater ernannt, der
verantwortlich ist für Bildung und Unterricht in den künstlerischen
und kulturellen Bereichen und der Kunstgeschichte. Ich weiß,
welchen wichtigen Platz die »Digesco«, die »Direction générale de
l'enseignement scolaire« (die zentrale Unterrichtskommission),
der Frage der Kunstgeschichte im Unterricht einräumt. Ich weiß
auch, dass die Zusammenarbeit von Kultusministerium, APAHAU
und INHA (»Institut national de l'histoire de l'art«) eingerichtet
wurde und ich freue mich sehr darüber. Es wurde außerdem am
10. Juni dieses Jahres am INHA ein erstes Treffen von Lehrenden
aus der Oberstufe und Universitätsdozenten organisiert. Es wäre
absurd, würden diese Fortschritte und Annäherungen von den
Kunsthistorikern nicht gewürdigt. Es wäre absurd, würden diese
sich verweigern. Stattdessen sollten sie aktiv an dieser Reform

15 Für die Situation in Deutschland, sowohl auf der Ebene der
Kultusministerkonferenz wie auf
Länderebene, muss leider ebenfalls
festgehalten werden, dass Kunsthistoriker nicht systematisch, in
den allermeisten Fällen überhaupt
nicht, einbezogen werden; auch
der Verband Deutscher Kunsthistoriker wird nicht konsultiert.

16 Schon im Mai 2009 hatte es
in Florenz eine Tagung zur
kunsthistorischen Ausbildung an
Schulen gegeben; auf ihr wurde der
»Florentiner Appell. Ein starkes
Zeichen für Europa. Kunstgeschichts-Unterricht in den Ländern
der Union« verfasst, zu dessen
Unterzeichnung auch der Verband
Deutscher Kunsthistoriker aufruft.
Der Appell ist zugänglich über:
http://appeldeflorence.apahau.
org; ebenso über die Homepage
des Kunsthistorikerverbandes:
http://www.kunsthistoriker.org/
florentiner_appell.html (letzter
Zugriff 18.11.2014); Textabdruck
in: Hattendorff/Tavernier/Welzel,
Kunstgeschichte und Bildung (wie
Anm. 3), S. 110–111.

17 Giulio Carlo Argan (1909-
1979); eine Zeitlang wurde in
Deutschland das Funkkolleg
Kunst für den schulischen
Unterricht verwendet; Werner
Busch (Hg.), Funkkolleg
Kunst. Eine Geschichte der
Kunst im Wandel ihrer
Funktionen. 2 Bde., München
1987 und 1991 sowie Monika
Wagner (Hg.), Funkkolleg
Moderne Kunst. 2 Bde.,
Reinbek bei Hamburg 1991.
Ein aus kunsthistorischer
Sicht seriöses Schulbuch für
Kunstgeschichte liegt im
deutschsprachigen Bereich
m.W. gegenwärtig nicht vor.

18 Maurizio Cattelan (geb. 1960)
arbeitet in New York.

teilnehmen, welche ich für grundlegend halte. Der erste Schritt, wie
bereits gesagt, ist gemacht. Sie können mit der engagierten Mitarbeit
der Kunsthistoriker rechnen.[16]

Doch erlauben Sie mir einen Blick nach Italien. In Italien gehört
die Kunstgeschichte bereits seit 1923 – seit der »riforma Gentile«
genannten Bildungsreform, für diejenigen unter Ihnen, die präzise
Angaben bevorzugen – zum festen Bestandteil des schulischen
Unterrichts in der Mittel- und Oberstufe. Niemand kommt um dieses
Fach herum. Meine Enkel sind Italiener, weshalb ich ihren Lehrplan
kenne. Ich kenne auch die Lehrbücher, welche sie im Unterricht
benutzen. Früher war es der »Argan«, benannt nach dem großen italienischen Kunsthistoriker Giulio Carlo Argan,[17] der darüber hinaus
kommunistischer Bürgermeister (à l'italienne) von Rom war. Heute
liegt ein dreibändiges Werk in folgenden Bänden vor:

- Von der Frühgeschichte bis zur Gotik.
- Von Giotto bis zum Barock (ich lehne den Begriff des
  Barock ab, doch Ihnen dies hier zu erklären, würde zu
  weit fuhren).
- Und zuletzt: Von der Aufklärung bis »i giorni nostri«.
  Auf dem Cover: die »Demoiselles von Avignon« von
  Pablo Picasso. Die letzte Abbildung dieses Bandes
  zeigt ein Werk von Maurizio Cattelan, einen sechs
  Meter hohen Olivenbaum mit seinen Wurzeln, einge-
  pflanzt in einen großen Quader Erde.[18] Dieses Werk
  nutzt der Autor der Erklärung, um auf den ersten
  Band der Lehrbücher zurückzuverweisen, auf dessen
  Einband ein verletzter Krieger von den antiken
  Friesen des Parthenon-Tempels zu sehen ist. Den
  Anhang des letzten Bandes bilden klassische Textaus-
  züge: z.B. aus dem Tagebuch von Delacroix, aus den
  Briefen Vincents an seinen Bruder Theo, die Schrift
  Davids über den Schutz des künstlerischen Kulturerbes, um mich nur auf die französischen Textbeispiele
  zu beschränken (Vincent van Gogh ist Holländer,
  doch seine Briefe sind meist in Französisch verfasst).

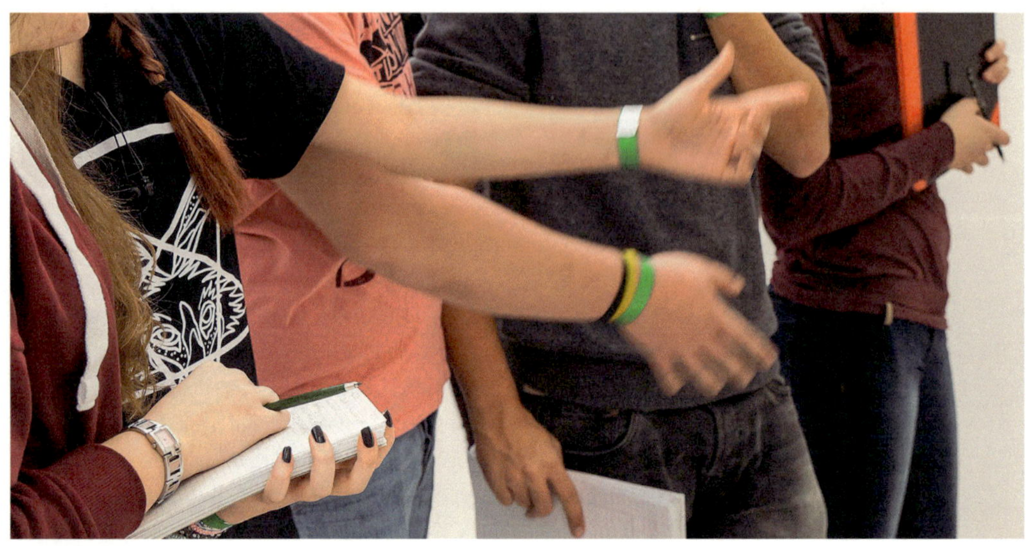

Man findet keinen besonders revolutionären oder neuen Ansatz in
diesen Lehrbüchern, außer dass ihr Fokus deutlich auf der italienischen Kunstgeschichte liegt (siehe Maurizio Cattelan!). Der Archäologie wird eine wichtige Rolle eingeräumt, und die Chronologie als
Ordnungsmittel deutlich betont. Wieso gibt es in Italien so wenig
Kritik an diesem Kunstgeschichtsunterricht? Ich sehe dafür drei
Gründe: zuerst die Unermesslichkeit, ja Unendlichkeit, der Kultur-
schätze in Italien (ich sage mit Absicht nicht der italienischen). Zwei-
tens die Schwierigkeit eine italienische Geschichte zu unterrichten,
für die sich die lokal und regional orientierten Italiener wenig interessieren. Sie ziehen die Geschichte der »kleinen« Heimat vor, die der
Marken oder Umbriens, Anconas oder Syrakus', ganz im Gegensatz
zu unserer »Grande Nation« mit Napoleon oder Jeanne d'Arc. […]
Aber, werden Sie sich jetzt sicher fragen, was sind die Vorzüge, die
Resultate dieses Unterrichts? Die Antwort ist sehr einfach: Gehen Sie
in den Louvre! Sie werden dort zu jeder Jahreszeit und besonders zu
Ostern (Wieso eigentlich zu Ostern?) auf Italiener stoßen, zugege-
benermaßen oft etwas lautstark. Und sicher, trotz der guten Lehrbücher, von denen ich Ihnen gerade vorgeschwärmt habe, sind viele von
ihnen davon überzeugt, dass Napoleon ihnen die Mona Lisa gestohlen
hätte. Aber Sie würden sicher auch eine gewisse Vertrautheit, fast
Komplizenschaft, mit den Kunstwerken bemerken. Eine Ungezwun-
genheit, eine nicht aufgesetzte Natürlichkeit, die die italienischen

Besucher von anderen internationalen Besuchern und auch von den Franzosen unterscheidet. Sie vor einem Gemälde von Piero di Cosimo oder den Sklaven von Michelangelo sagen zu hören »è nostro« (»er gehört uns«), hat etwas Tröstliches. Die Kunstgeschichte hat sie bereichert. Früher war Raffael das Idol. Ihre Großeltern bewunderten dann Botticelli, es folgte Piero della Francesca. Heute beeindruckt Caravaggio sie fast mehr als Michelangelo oder Leonardo. Man sieht die innere Bewegung der italienischen Besucher vor den Werken dieser Genies, sie leben in ihrer Reaktion auf. Sie sehen sie an und strahlen Glück aus. Auch wenn man nach Italien reist, vom Piemont bis Sizilien, kann man sehen, dass dieser Unterricht Früchte getragen hat. Die Italiener sind stolz auf ihr Kulturerbe: Sie kennen es gut und lieben es.

Lehrbücher wie die italienischen gibt es auch in Frankreich. Sie sind für Studenten bestimmt und von sehr guter Qualität. Ich las vor kurzem im Vorwort der Reihe, welche in Zusammenarbeit von Gallimard und den nationalen Museen (»Réunion des musées nationaux«) entstanden ist (die Reihe von Flammarion ist von ebenso großer Qualität). Es stammt aus dem Jahr 1995 und reagiert auf ein Gesetz vom 6. Januar 1988, welches den Kunsthistorikern Hoffnung gegeben hatte. Wer erinnert sich heute noch daran?
Doch vor allem hebt das Vorwort die Besonderheit dieser Disziplin hervor, der Kunstgeschichte, als einer Wissenschaft für sich, deren Besonderheiten auch heute nicht sehr geläufig sind. Die Kunstgeschichte hat ihre großen Namen: von Aby Warburg bis Erwin Panofsky, von Bernard Berenson bis Roberto Longhi, von Anthony Blunt bis John Pope-Hennessy, von Robert Rosenblum bis Michael Baxandall.[19] Darüber hinaus unsere eigenen Landsleute, welche im 19. Jahrhundert Frankreich, zugleich mit Deutschland, zu den führenden Ländern in der Kunstgeschichte gemacht haben. Und in jüngerer Zeit: Henri Focillon, Émile Mâle, Elie Faure, Louis Grodecki, Antoine Schnapper, Daniel Arasse … Meine Liste ist nicht vollständig. Ohne mich auf Malraux[20] zu berufen, dessen Handeln kritisch zu sehen heute zum guten Ton gehört, der aber an die Kunstgeschichte glaubte, kann ich sagen, dass große und zum Teil bewundernswerte Bemühungen gemacht wurden – ich habe lange genug selbst in diesem Metier gearbeitet, um dies bestätigen zu können. In den pädagogischen Diensten der Museen – hier berufe ich mich natürlich vor

19 Über diese Kunsthistoriker lassen sich – ebenso wie über die nachfolgend genannten französischen Fachvertreter – erste Informationen schnell im Internet recherchieren.

20 Zu André Malraux (1901–1976) jetzt stellvertretend: Walter Grasskamp, André Malraux und das imaginäre Museum. Die Weltkunst im Salon, München 2014.

allem auf den Louvre, aber auch die »Ecole nationale supérieure des
Beaux-Arts« und viele weitere Museen in Paris und außerhalb – ist die
Bedeutung des Themas der Vermittlung von Kunstgeschichte sehr
gegenwärtig.

Ich sprach eben von Bemühungen. Was heute realisiert wird, soll oft
spielerisch sein. Eine Art von kulturellem Urlaub oder Spaziergang.
Ich möchte dieses Herangehen nicht infrage stellen. Ich denke aber,
dass man den Schülerinnen und Schülern auch ernsthaftere Bemühungen abverlangen muss. Die Vertrautheit mit einem Werk muss
man sich verdienen, muss man erlernen, kultivieren. Sie wird vermittelt: der Schüler oder die Schülerin muss seine/ihre Beobachtungen
bei der Betrachtung eines Kunstwerkes ausdrücken können, muss
sie zu formulieren lernen. Die Himmelspforte öffnet sich nicht von
allein.
Eine verkannte Disziplin... Der Satz, welcher die Kunsthistoriker so
empört hat, steht im bereits zitierten »Bulletin officiel« des Kultus-
ministeriums vom 28. August 2008, im Rahmenplan für den Fran-
zösischunterricht: »Der Französischlehrer wirkt mit der ihm eigenen
Kompetenz am Unterricht der Kunstgeschichte mit. Er benötigt
hierfür keine spezielle Schulung.«
»Er benötigt hierfür keine spezielle Schulung.« Ich kann es kaum
fassen. Natürlich ist der Französischlehrer sehr gut dafür qualifiziert,
Proust und sein »petit pan de mur jaune« zu kommentieren.[21] Doch
was könnte er über Vermeer sagen, von dem er (bis auf den Verweis
von Proust) nichts weiß, weder über den Künstler selbst, noch über
die Wiederentdeckung seines Werks im 19. Jahrhundert, seine
Seltenheit, seine technischen Eigenheiten, sein religiöses Wesen (als
versteckter Katholik in einem protestantischen Land)? Ich möchte
gern glauben, dass es dem Französischlehrer gelingen kann, den
Schülern die Liebe für Racine zu vermitteln. Doch wie soll er dies
für Poussin erreichen, unseren wichtigsten Maler? Einen Maler, der
ebenso »schwierig« ist – bitte verzeihen Sie mir diese Bezeichnung,
die zu erklären nötig wäre – wie unser wichtigster Dichter. Der
Geschichtslehrer kann natürlich über den Mord an Marat, am 13. Juli
1793 um 19.30 Uhr, sprechen und diesen in seinen historischen
Kontext einordnen. Doch würde er auch die richtigen Worte finden,
um Jacques-Louis Davids Motive in der Darstellung desselben
zu erklären? Der Künstler hat Marat unsterblich, ihn vom Opfer

21 Pierre Rosenberg spielt hier auf
    eine Textpassage in Marcel Prousts
    »Suche nach der verlorenen
    Zeit« an, in der der Autor seinen
    Protagonisten Bergotte eine
    Kunstausstellung besuchen lässt,
    in der er Vermeers »Ansicht von
    Delft« sieht. Während Bergotte
    ein kleines gelbes Mauerstück, »un
    petit pan de mur jaune«, betrachtet,
    stirbt er.

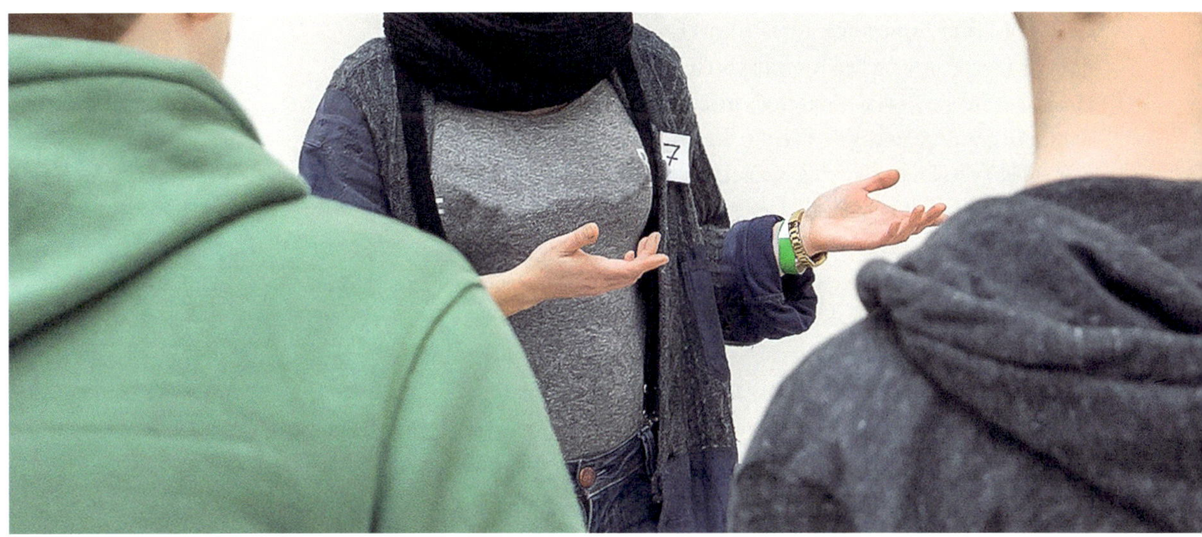

zum Helden gemacht und damit der Revolution die weltliche Pietà geschaffen, die sie von ihm erwartete. Würde der Geschichtslehrer die visuellen Referenzen erkennen, die in Davids Bild mitgedacht sind?

Malraux, den ich bereits zitiert habe, hätte gesagt, so habe ich es in den Zeitungen gelesen, »wir sind nicht da, um Racine zu erklären, sondern um die Liebe zu Racine zu vermitteln«. Sicher... Doch um diese Liebe zugänglich zu machen, muss man Racine erklären.

Der »Dos de Mayo«, die »Erschießung der Aufständischen«, »Le Sacre« oder genauer: »Die Krönung in Notre-Dame«, »Guernica« zeigen in herausragender Weise bedeutende historische Ereignisse,[22] »Das Floß der Medusa« heroisiert eine zeitgenössische Aktualität. Meisterwerke wie »Das Ladenschild von Gersaint«, »Die arkadischen Hirten«, »Die große Odalisque«, »Das Frühstück im Grünen« oder »Die Demoiselles von Avignon«[23] haben nur indirekte Bezüge zur Geschichte oder Literatur. Nur ein Kunsthistoriker kann hier die unentbehrlichen Informationen liefern und die Liebe und den Zugang zu diesen Werken vermitteln.

Wenn ich diese Beispiele hier anführe, sehr geehrte Damen und Herren, und ich könnte noch zahlreiche mehr nennen, dann um etwas Offenkundiges zu unterstreichen, und es ist traurig, dass man daran erinnern muss: Die Kunstgeschichte ist eine eigenständige Wissenschaft, eine Profession, ein Beruf, den man lernt und lehrt! Man improvisiert nicht als Kunsthistoriker.

22 Auch diese Gemälde von Francisco de Goya, Jacques-Louis David, Pablo Picasso, die jeweils bedeutende historische Ereignisse ins Bild bringen, lassen sich gut im Internet recherchieren, (alle besitzen z.B. eigene Einträge mit guten Reproduktionen, detaillierten Informationen und weiterführenden Literaturangaben bei Wikipedia.

23 Die Werke von Watteau, Poussin, Ingres, Manet und Picasso, die Pierre Rosenberg hier nennt (und die einmal mehr jeweils eigene Wikipedia-Einträge besitzen), verweisen nicht auf historische Ereignisse, haben aber jeweils in ihrer Epoche Kunstgeschichte geschrieben.

Dazu eine kleine Erinnerung. Als ich dem »Comité français d'histoire de l'art« (dem französischen Kunsthistorikerverband) vorstand, aß ich einmal mit Georges Duby, den ich als frisches Mitglied der Académie Française gerade kennengelernt hatte. Ernsthaft erkrankt, wusste er, dass seine Tage ihrem Ende zugingen. Dieser großartige Mediävist versicherte mir, dass er niemals »Geschichte« und »Kunstgeschichte« verwechselt hätte, dass es natürlich Schnittstellen gäbe, es sich jedoch um zwei vollkommen autonome Disziplinen handele. Er sagte außerdem, dass er, wenn er sich als Historiker bezeichnete, immer bedauerte, nicht auch etwas mehr Kunsthistoriker gewesen zu sein. Bereits damals wurde über den kunsthistorischen Unterricht debattiert, und Georges Duby wollte, dass man seinen Standpunkt zitierte, was ich an dieser Stelle sehr gern tue. Eine autonome Wissenschaft mit eigenen Regeln, wie jede andere Wissenschaft auch, mit ihren Besonderheiten, ihrer Gebrauchsanweisung, ihrem Code. Was wir der Kristallografie oder der Pilzkunde ohne Zögern zugestehen, wird für die Kunstgeschichte immer wieder infrage gestellt. Jeder könne das, jeder traut es sich zu. Wenn Monsieur Jourdain Literatur schaffen kann, ohne sich damit auszukennen, kann man auch Kunstgeschichte lehren, ohne sich damit auszukennen.[24]

Damit zum Hauptanliegen meiner Ausführungen und zu meiner Schlussfolgerung. Ich weiß und bedaure, dass eine »Agrégation« (Zugangsprüfung zum Lehramt) in Kunstgeschichte nicht so bald eingerichtet werden wird (welches Glück haben da die Bildenden Künstler!). Auch kein ordentlicher Lehramtsstudiengang (mit der »Capes« genannten Prüfung). Was wir uns wünschen – und einige hier werden mir fehlende Ambition vorwerfen –, was sich die Kunsthistoriker wünschen, wäre, dass diejenigen, die demnächst Kunstgeschichte unterrichten werden oder dies bereits tun, sich durch professionelle Kunsthistoriker und Dozenten das zusätzliche Wissen, welches ihnen oft fehlt, aneignen. Dass Kunsthistoriker in die Ausbildung der Lehrer eingebunden werden, ihnen eine zusätzliche und unerlässliche Ausbildung in dieser Disziplin, und ich betone das Wort Ausbildung, geben, die meines Erachtens entscheidend ist.[25] In diesem Sinne scheint es mir für die Zukunft wichtig, bereits jetzt über die praktische Umsetzung nachzudenken. Ich sehe zwei Lösungen, sicher gibt es andere, doch als der Museumskurator, der ich war, bin ich nicht die Kompetenzperson in dieser Frage: Die Einrichtung von

24 Pierre Rosenberg ruft hier einmal mehr eine Figur aus der Tradition der französischen Literatur auf: Monsieur Jourdain ist in der 1670 am Hofe Ludwigs XIV. uraufgeführten Ballettkomödie »Der Bürger als Edelmann« (»Le Bourgeois gentilhomme«), deren Text Molière verfasste und deren Musik Lully komponierte, ein Bürger, der versucht, sich zu einem Adligen zu stilisieren.

25 In Deutschland ist diese Einbindung in der Lehrerbildung für das Fach Kunst zwar strukturell und zumeist auch personell gegeben; die Curricula und v.a. die wenigen vorgesehenen ECTS-Punkte erschweren aber auch hier eine professionelle fachwissenschaftliche Ausbildung. Die Schulcurricula beziehen – so wird man leider generalisieren müssen – Kunstgeschichte im Sinne des Faches, nicht eines irgendwie vorwissenschaftlichen Gebrauchs dieses Wortes, nicht fundiert und fachlich abgesichert ein. Verstärkt wird diese Situation noch durch den mangelnden Dialog zwischen Kunstgeschichte und Kunstdidaktik; vgl. Claudia Hattendorff, Konvergenzen und Divergenzen zwischen Kunstgeschichte und Kunstpädagogik heute, in: Hattendorff/Tavernier/Welzel, Kunstgeschichte und Lehrerbildung (wie Anm. 3), S. 37–47. Von Seiten der Kunstdidaktik jetzt allerdings richtungsweisend: Klaus-Peter Busse, Kunst unterrichten. Die Vermittlung von Kunstgeschichte und künstlerischem Arbeiten (Dortmunder Schriften zur Kunst/Studien zur Kunstdidaktik 14), Norderstedt 2014.

26 Der Verband Deutscher Kunsthistoriker bittet im Sinne einer
weiteren Möglichkeit, sich für die
Implementierung von Kunstgeschichte in Schulen zu engagieren,
Kunsthistorikerinnen und Kunsthistoriker darum, für einzelne
Stunden oder Projekte ihre Exper-
tise an Schulen einzubringen:
http://www.kunsthistoriker.org/
eine-stunde-kunstgeschichte.html
(letzter Zugriff 18.11.2014);
s. auch Hattendorff/Tavernier/
Welzel, Kunstgeschichte und Bildung (wie Anm. 3), S. 112–113.

Doppel-Lehramtsstudiengängen (ich spreche nur vom Lehramtsstudium, nicht von der Agrégation, mit der Unerreichbarkeit derselben
ich mich wohl abfinden muss), z.B. Literatur-Kunstgeschichte oder
Geschichte-Kunstgeschichte (Geschichte der Künste, daran werde
ich mich niemals gewöhnen). Oder man muss bei jenen, die Kunstgeschichte unterrichten wollen, einen Bachelor in Kunstgeschichte
(»licence d'enseignement«) zur Voraussetzung machen.[26] Das ist
wenig, damit wäre jedoch schon sehr viel gewonnen.

Es geht hier natürlich nicht darum aus allen französischen Mittel- und
Oberstufenschülern Kunsthistoriker zu machen (genauso wenig,
wie wohl die Kunstlehrer aus allen ihren Schülern Künstler machen
wollen). Es geht vielmehr darum, dass sie über den Zugang zu Kunst
lernen, sich mehr am Sein zu freuen, die Wirklichkeit besser zu ertra-
gen, besser zu verstehen. Der kultivierte Mensch – verzeihen Sie mir
dieses veraltete Wort – lebt besser. Und die Kunstgeschichte wird
ihm helfen, besser zu leben.

Kaiser Karl V. bückte sich, um Tizian die Pinsel aufzuheben.

Die Kunsthistoriker sind unverzichtbare Vermittler der Schönheit.

Aus dem Französischen von Philippa Sissis.
Mit Anmerkungen versehen von Barbara Welzel.

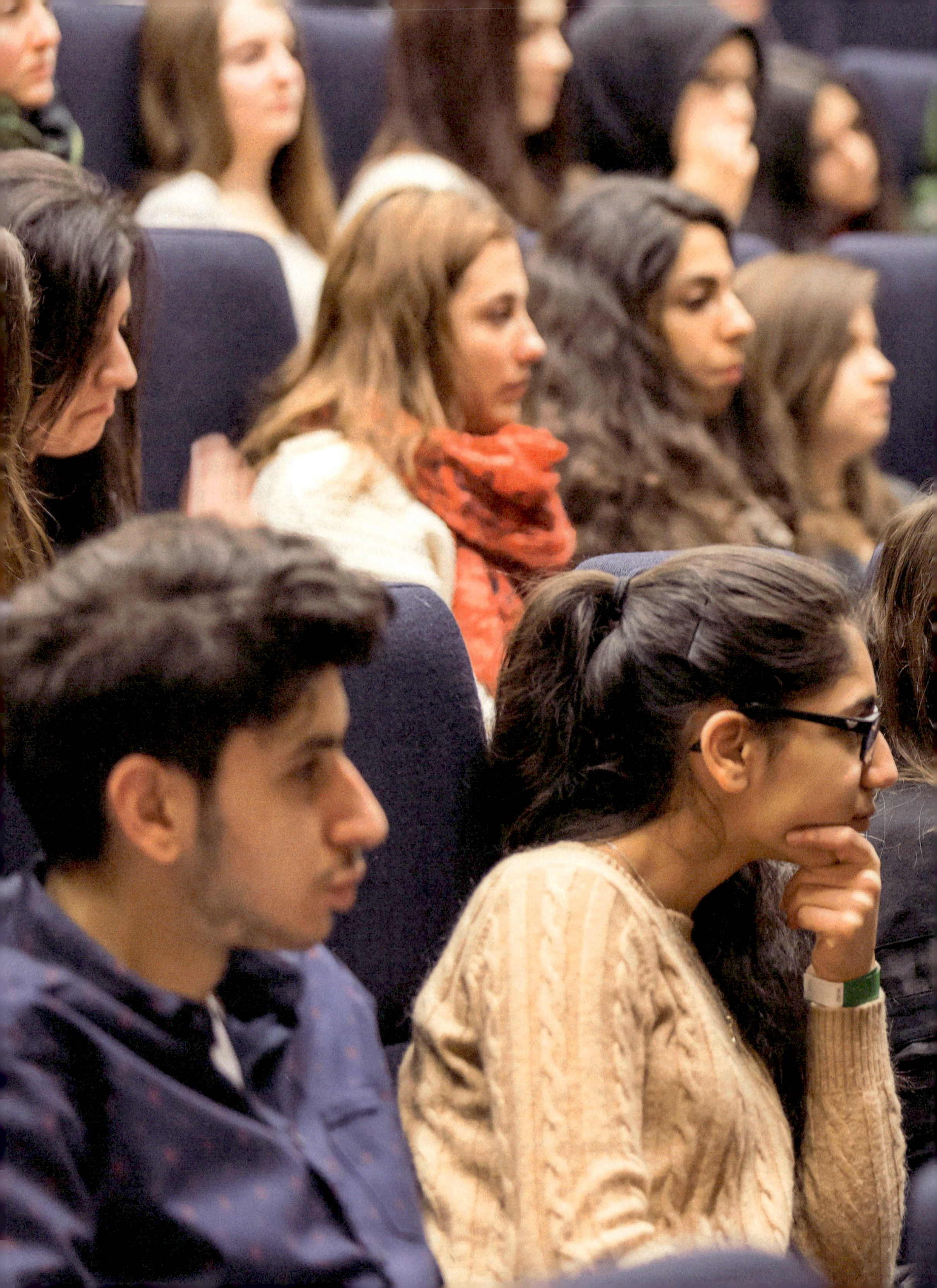

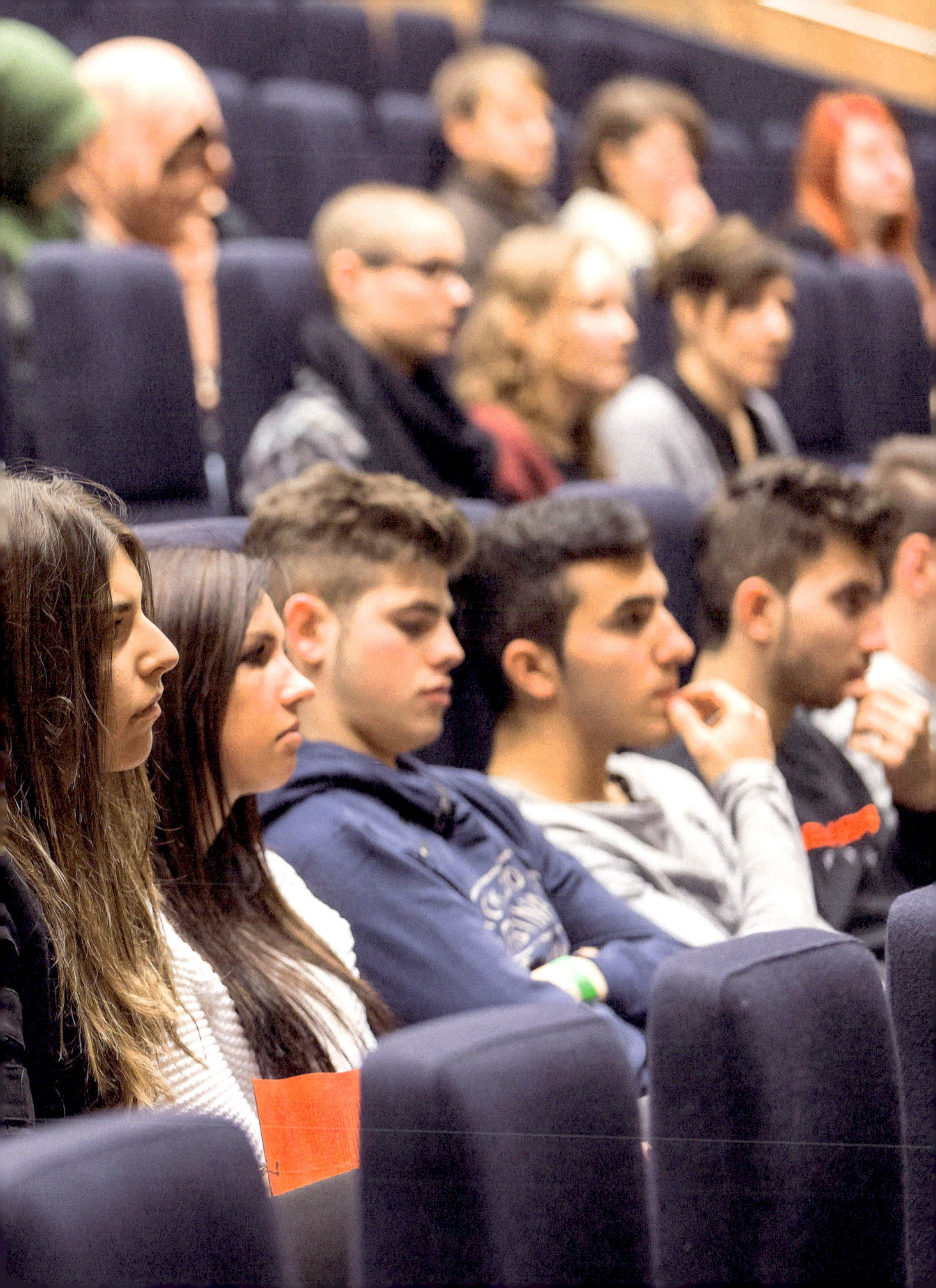

ZWISCHEN REALITÄT UND TRAUM

Die Gemälde von Salvador Dalí sind häufig bei Jugendlichen sowie auch bei Erwachsenen sehr beliebt – also bei Schüler/innen und auch bei Studierenden. Die meisten – selbst wenn sie noch nie in einem Kunstmuseum waren oder sich auch sonst wenig für Kunst interessieren – haben schon einmal ein Werk Dalís in einer Reproduktion gesehen oder etwas über den Künstler gehört. Woran mag das liegen?

Das Gemälde »Der anthropomorphe Kabinettschrank« (Öl auf Holz, 25,4 x 44,2 cm), welches Salvador Dalí 1936 fertigte, mag auf den ersten Blick seltsam erscheinen: Ein menschlicher (anthropomorpher) Akt sitzt mit seitlich ausgestreckten Beinen und auf dem rechten Arm abgestützt in einem nicht näher charakterisierten Innenraum, der sich im Hintergrund in einem Durchgang in die Außenwelt öffnet. Den linken Arm streckt die Gestalt von sich. Der Oberkörper der zunächst realistisch erscheinenden Person besteht aus sechs Schubladen, welche unterschiedlich weit herausgezogen sind. Auf der Höhe der Brüste befinden sich zwei Schubladen mit vorstehenden, Schatten werfenden Griffen, die an erigierte Brustwarzen erinnern. Aus der darunter liegenden Schublade fällt ein Tuch herab; die unterste ist mit einem Schloss versehen. Diese Anspielung auf den Schoß, der aufzuschließen ist, öffnet das Assoziationsfeld von weiblicher Sexualität. Doch wird dies durch das physische Erscheinungsbild der Frau, ihre schlaffe Haut und ihre ablehnende Körpersprache – auch das Gesicht kann man nicht sehen – unmittelbar irritiert.

Es mögen diese Anspielungen, aber auch die Spannung zwischen altmeisterlicher illusionistischer Malerei und »surrealen« Themen sein, die diese Bilder anziehend machen, sie vielleicht auch geheimnisvoll wirken lassen.

Salvador Dalí gehörte der Künstler- und Literatengruppe der Surrealisten an. Viele Surrealisten waren begeisterte Anhänger von Sigmund

Freud und seiner Psychoanalyse. Sie suchten nach Zugängen zum Unbewussten, das das menschliche Leben mindestens ebenso sehr wie das Bewusstsein zu steuern schien. Sexualität und Begehren galten als mächtige Triebkräfte. Träume waren der wichtigste Zugang in die Welt des Unbewussten; auch Drogen wurden zu Hilfe genommen, um sich in traumartige Zustände zu versetzen. Mit ihrer Kunst suchten die Surrealisten nach Ausdrucksformen für Träume und das Unbewusste.

Sigmund Freud selbst hat sich allerdings von Salvador Dalís Kunst distanziert: Er finde nichts Unbewusstes in ihr.

Die Spannung zwischen Traum und Realität, wie sie in dem Gemälde »Der anthropomorphe Kabinettschrank« und auch in den Werken von weiteren Surrealisten wie beispielsweise bei Max Ernst vorzufinden ist, weckt bei vielen Menschen das Interesse an der Kunst Salvador Dalís und eröffnet darüber hinaus einen Gesprächsraum, welcher zu verschiedenen Deutungsansätzen führen kann.

ANNA KAMPE

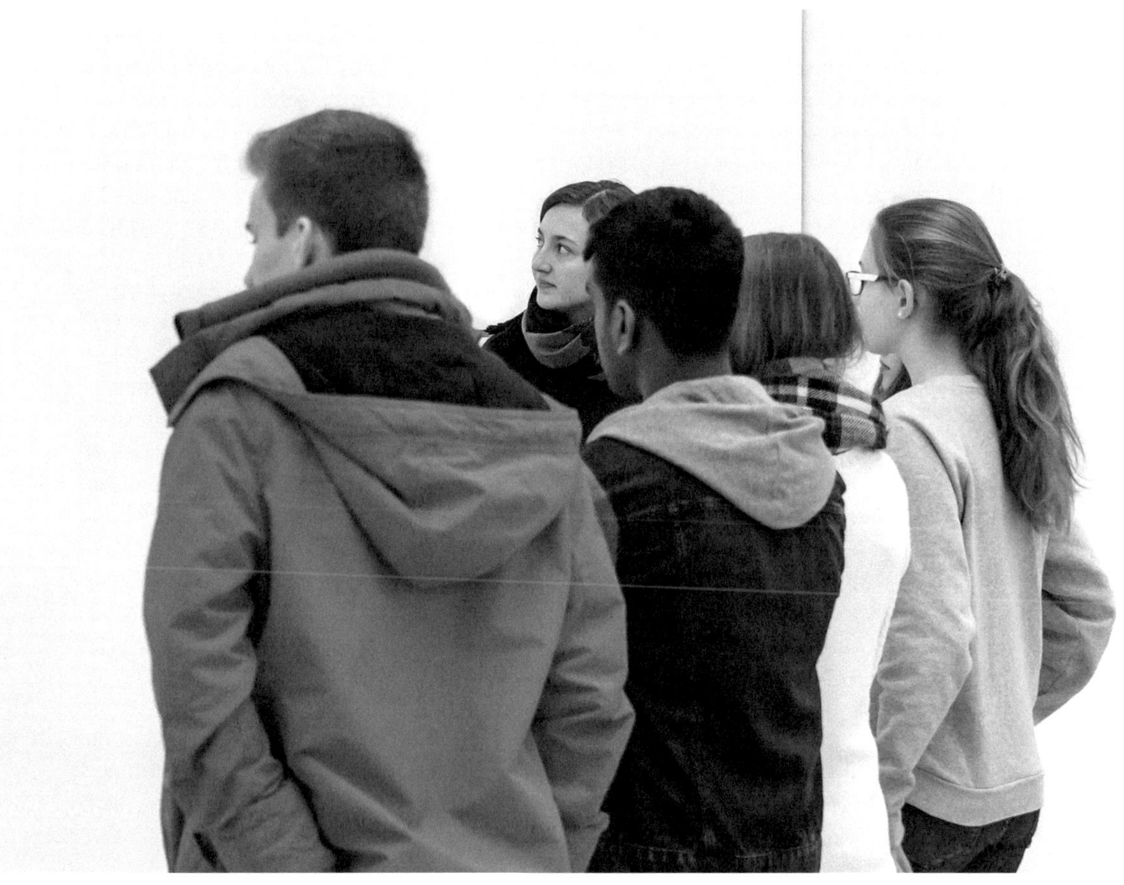

»BEIM ERSTEN KLAREN WORT«: KLÄRENDE GESPRÄCHE

Die »Denkwerkstatt Museum« bietet Raum für Gespräche zwischen Schülern/innen und Studierenden zu ausgewählten Kunstwerken. Viele Fragen und gemeinsame Versuche, Antworten zu finden, sind ein wesentlicher Bestandteil der Vermittlungsgespräche. Die Fragen, die sowohl von den Schülern/innen als auch von den Studierenden gestellt werden, sind vielfältig. Oftmals beginnt die Vermittlung dieses Werkes aber mit einer sehr konkreten Frage. Aus Sicht der Schüler/innen lautet sie: »Ist hier die Nummer zwölf?« Fragen die Studierenden, heißt es: »Sucht ihr die Nummer zwölf?« In der Vorbereitung wurden die Stationen für die Vermittlungsgespräche ausgewählt und Routen festgelegt. Zur Station zwölf gehört Max Ernsts Gemälde »Beim ersten klaren Wort« (»Au premier mot limpide«, 1923; 232 x 167 cm).

Alle Gegenstände auf dem Gemälde lassen sich scheinbar problemlos identifizieren, aber ihre Zusammenstellung wirft Fragen auf. Nirgendwo könnten sie in der Wirklichkeit auf diese Weise beobachtet werden. Aus Träumen allerdings kennt man solche »surrealen« Situationen. Das Kunstwerk betrachten, das Gesehene beschreiben, nach präzisen Formulierungen suchen, neue Aspekte entdecken und auch diese beschreiben. Schüler/innen und Studierende tauschen sich aus. Doch trotz der intensiven Betrachtung bleibt manches erst einmal unklar. An dieser Stelle könnte das Werk mit Informationen über Sigmund Freuds Erkenntnisse zum Unterbewusstsein, Hinweisen auf surrealistische Literatur oder Filme verbunden werden.

Die Studierenden gehen jedoch bewusst in eine andere Richtung und vertiefen die Auseinandersetzung mit dem konkreten Objekt, indem sie etwas ausholen und die faszinierende Vergangenheit des Kunstwerkes erläutern. Dieses Bild war ursprünglich ein Wandgemälde, das Max Ernst für ein befreundetes Ehepaar angefertigt hatte. Eine besondere Beziehung verband die Personen, doch dann trennten sich ihre Wege. Das Kunstwerk blieb am alten Platz, war jedoch für einige Zeit nicht sichtbar, da es mit einer Tapetenschicht verdeckt wurde. Es wurde wiedergefunden, erneut sichtbar gemacht und gelangte später in die Kunstsammlung Nordrhein-Westfalen. Hier im Museum bildet es den Mittelpunkt dieses Vermittlungsgespräches zwischen den Schülern/innen und den Studierenden. Die Schüler/innen verknüpfen das Gesehene aus der genauen Beschreibung mit der Geschichte des Kunstwerkes und entwickeln so Deutungen, die gemeinsam besprochen werden.

Warum wird hier genau diese Art der Vermittlung, bei der Schüler/innen und Studierende zusammen aktiv sind, ausgewählt? Ziel dieser Vermittlung ist es, das Kunstwerk immer wieder zu betrachten und die Beobachtungen im gemeinsamen Gespräch auszutauschen und weiterzuentwickeln. Besonders bedeutsam ist hier der Aspekt des Miteinanders, da die einzelnen Beobachtungen und Deutungsideen so einerseits diskutiert werden können, andererseits aber auch aufeinander aufbauen. Bei diesem Projekt befinden sich nicht nur die Schüler/innen, sondern auch die Studierenden in einer

Lernsituation. Denn diese beschäftigen sich ebenfalls mit der Erarbeitung des Kunstwerkes und in einem weiteren Schritt auch mit dessen Vermittlung.

Ob es bei diesem einen klärenden Gespräch zum Werk »Beim ersten klaren Wort« bleibt? Vermutlich nicht, denn bei einem Treffen nach dem Projekttag erzählen einige Schüler/innen von dem Wunsch, sich die Kunstwerke noch einmal mit ihrer Familie und/oder ihren Freunden anzusehen. Und dann wird auch dieses Gemälde bestimmt wieder zum Thema eines Gespräches.

SINA ZIEGLER

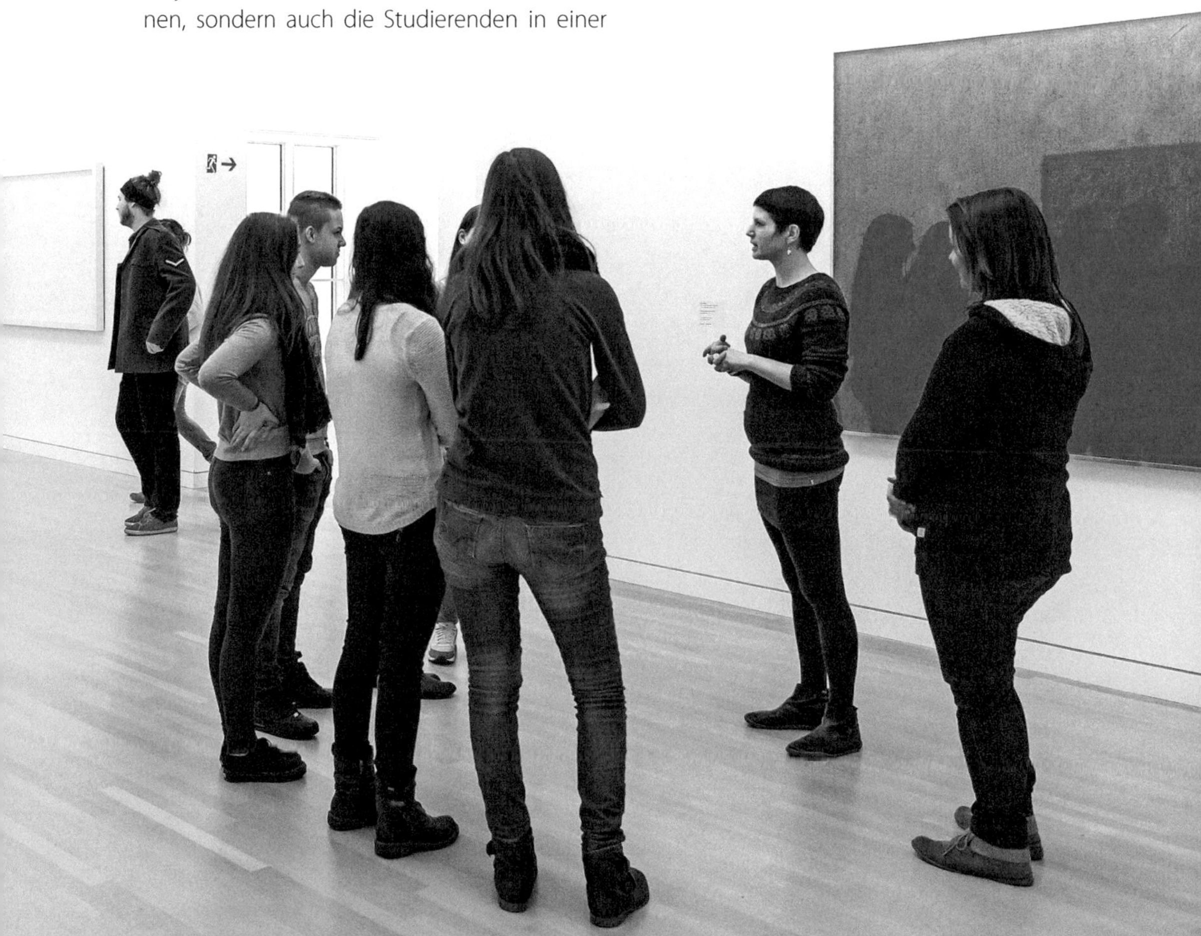

»ICH DENKE, ES IST EINE
GUTE MÖGLICHKEIT,
SCHÜLERN KUNST NÄHERZUBRINGEN
UND IHNEN ZU ZEIGEN,
DASS KUNST NICHT NUR
PORTRÄTS UND IRGENDWELCHE
LANGWEILIGEN LANDSCHAFTEN SIND,
SONDERN DASS ES AUCH
SO ETWAS WIE DIESE
›BLACK PAINTINGS‹ SEIN KANN
ODER SO.«

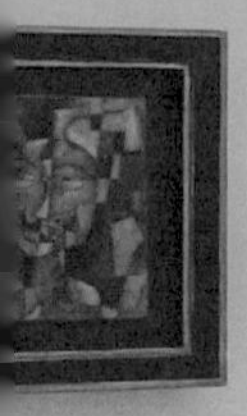
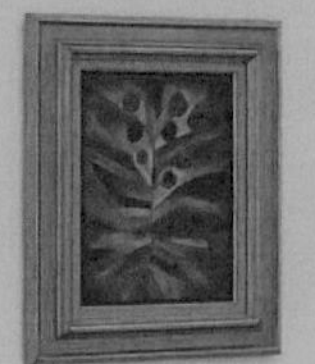

»ES WAR GUT, DASS DIALOGE
ENTSTANDEN SIND
UND MAN ÜBER DIE WERKE
DISKUTIEREN KONNTE.«

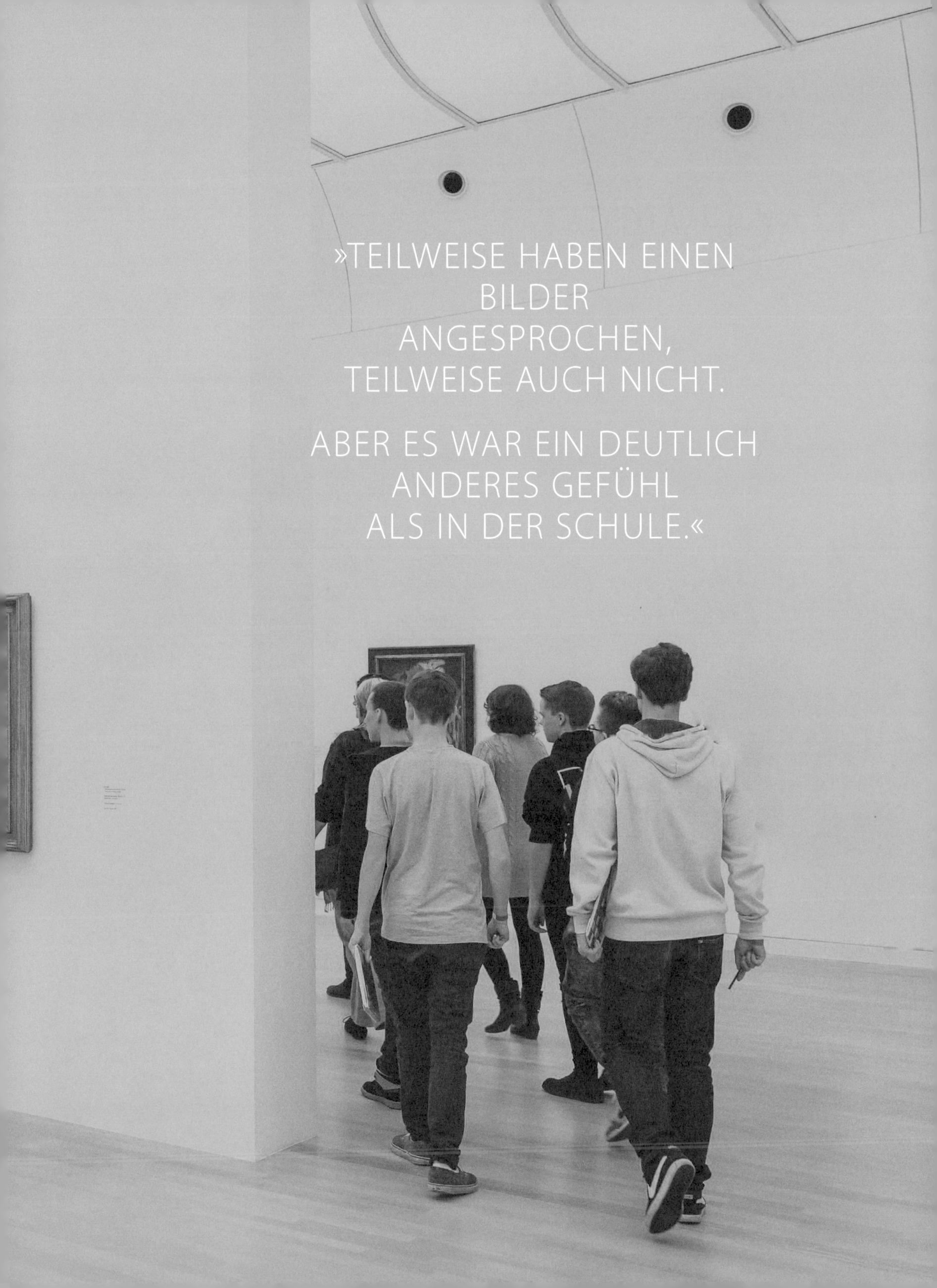

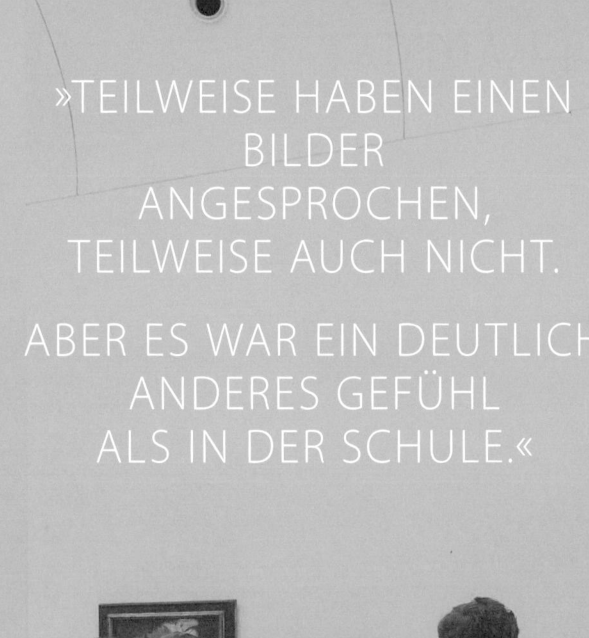
»TEILWEISE HABEN EINEN
BILDER
ANGESPROCHEN,
TEILWEISE AUCH NICHT.

ABER ES WAR EIN DEUTLICH
ANDERES GEFÜHL
ALS IN DER SCHULE.«

BARBARA WELZEL
NIKLAS GLIESMANN

NACHWORT

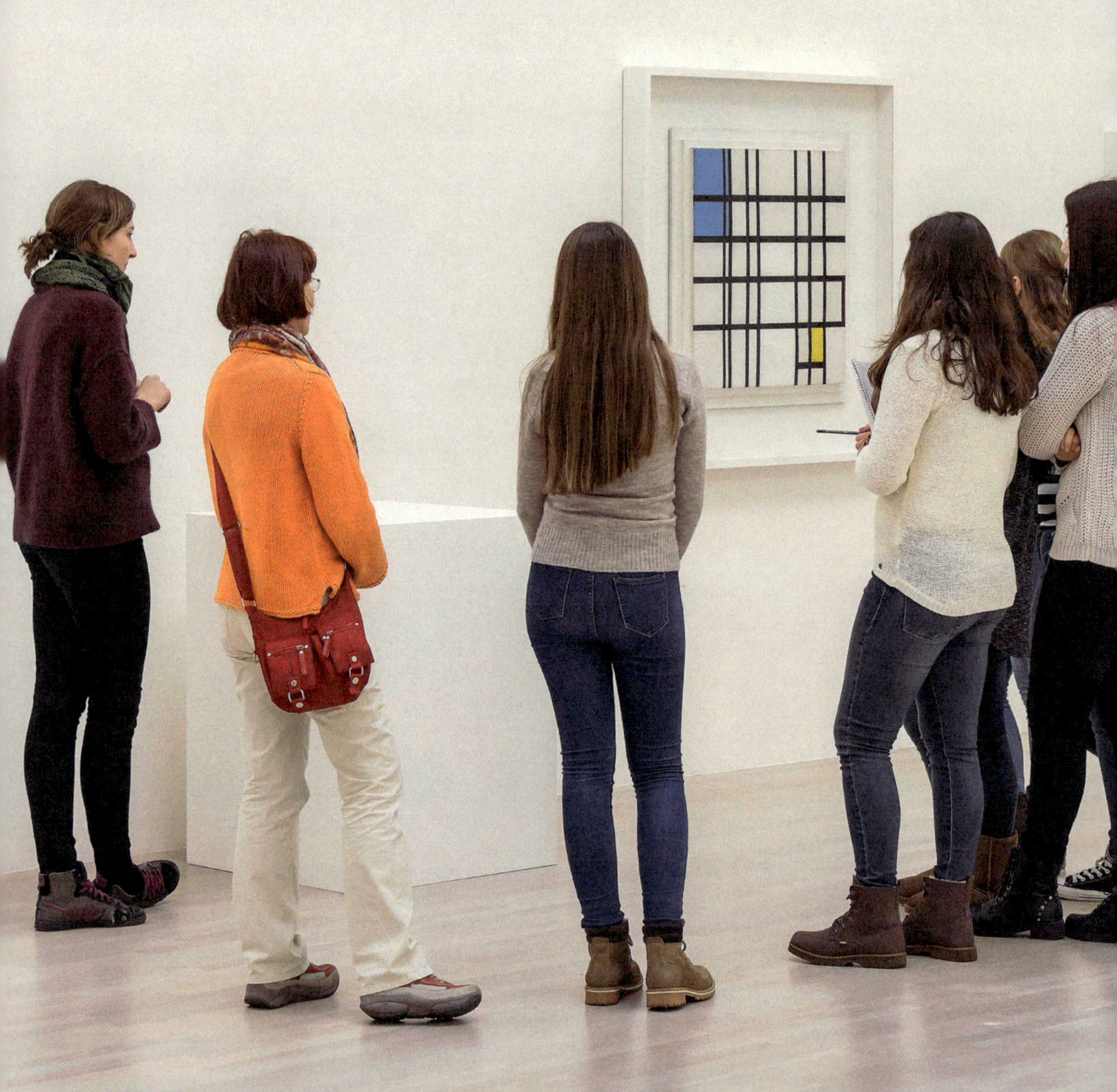

Wenn das Projekt »Denkwerkstatt Museum« nun mit diesem Buch im Wortsinn veröffentlicht wird, möchten wir damit nicht nur vergangene Veranstaltungen und im Gedächtnis bleibende Eindrücke in der Kunstsammlung Nordrhein-Westfalen rückblickend reflektieren, sondern ein Modellprojekt sichtbar machen und – so unser Wunsch – zur Nachahmung anregen. Die »Denkwerkstatt Museum« etabliert eine Verantwortungsgemeinschaft zwischen Universität, Museum und Schule. Themengebiet unseres Projektes sind die Kunst des 20. Jahrhunderts und zugleich auch die Institution Museum. Deshalb bearbeitet die »Denkwerkstatt Museum« immer von Neuem die ständige Sammlung und zeigt deren Schätze sowie Potenziale auf. Andere Orte (nicht nur) in Deutschland vereinen ebenfalls in derselben Stadt oder in regionaler Nachbarschaft große Museumssammlungen zur Kunst des 20. Jahrhunderts sowie Universitäten mit kunsthistorischen Fachgebieten oder Instituten. Schulen aller Schulformen gibt es überall. Überhaupt lassen sich Denkwerkstätten in Museen zu ganz unterschiedlichen Themen realisieren, und Kunstgeschichte kann vielfältig erzählt werden. Warum also nicht auch an anderen Orten eine »Denkwerkstatt Museum« einrichten?

In den vergangenen Jahren haben Viele ihre Kompetenz und Zeit in das Projekt »Denkwerkstatt Museum« eingebracht, es begleitet und weiterentwickelt. Wir danken allen, die die Durchführung bisher unterstützt haben! Von Beginn an hat die Kunstsammlung Nordrhein-Westfalen als verantwortlicher Partner die »Denkwerkstatt Museum« überhaupt erst ermöglicht. Unser Dank gilt der Direktorin Dr. Marion Ackermann und der Leiterin der Abteilung Bildung Julia Hagenberg. Annika Plank hat als Projektmanagerin viel Zeit in unsere Konzeptgespräche investiert sowie geduldig und stets zielorientiert Wünsche und Termine entgegengenommen und innerhalb des Hauses viele

Türen für uns geöffnet. So konnten die Studierenden in den vergangenen Jahren mit ihr und Ansgar Lorenz (wiss. Volontariat), Nina Quabeck (Restaurierung) und Dr. Florence Thurmes (wiss. Mitarbeiterin) über den Alltag der Museumsmitarbeiter/innen und die täglichen Aufgaben hinter den Kulissen sprechen. Als Vertreterinnen des Museums haben Dr. Anette Kruszynski und Dr. Maria Müller-Schareck an den Projekttagen als Vertreterinnen des Museums die Schüler/innen begrüßt, sie haben das Haus vorgestellt und in die Sammlung eingeladen. Mit Kathrin Beßen galt es, die Absprachen zur Publikation zu treffen und dann gemeinsam mit Florence Thurmes das Buch letztlich fertigzustellen. Ihnen allen sei sehr herzlich gedankt.

Einmal mehr erweist sich die Technische Universität Dortmund als ein stimulierendes Laboratorium, in dem Forschung, Lehre und Studium ineinander greifen. Gespräche zwischen Kolleg/innen, zwischen Studierenden und aller miteinander führen zu Experimenten und neuen Modellen in Wissenschaft und Vermittlung. Dabei setzen Bildungsdiskurse – neben den kunstwissenschaftlichen Fragen – Orientierungspunkte. Für die »Denkwerkstatt Museum« danken wir stellvertretend Prof. Dr. Klaus-Peter Busse, Dr. Birgit Franke, Sarah Hübscher M.A., Christopher Kreutchen B.A. und Ann Kristin Malik B.A. Inhaltlich und organisatorisch begleiteten die Studierenden Nathalie Drögekamp, Christine Maerz, Franziska Neumann und Verena Wagner, inzwischen alle Lehrerinnen im Schuldienst und teils mit eigenen Projekten in Museen vertreten, das Projekt in verschiedenen Jahren als Tutorinnen. Den Anfang unterstützt hat ebenfalls Dr. Joanna Barck. Sie alle haben Dialoge mitgetragen, neue Ideen umgesetzt und nicht selten viele alltägliche Aufgaben bearbeitet, damit das Projekt sich stetig weiter entwickeln konnte. Dank gilt weiterhin den Studierenden, die sich seit 2010 in der »Denkwerkstatt Museum« engagiert haben.

Dritter Partner der »Denkwerkstatt Museum« sind die Schulen. Besonderer Dank richtet sich an Heinz Udo Brenk vom Heinrich-Heine-Gymnasium in Dortmund. Er hat das Projekt maßgeblich angestiftet. Gemeinsam mit ihm haben in den letzten Jahren Klaus Preukschat und Marian Büsing, letzterer ehemals selbst Studierender der TU Dortmund, mit ihren Kunstkursen teilgenommen. Aus der Dortmunder Nordstadt kamen vom Helmholtz-Gymnasium Julia Heinrich, Alexis Kuhn, auch er als Absolvent der TU Dortmund, Martina Penner, Sabine Sibille und Marius Wierichs mit Schüler/innen hinzu. Güdny Schneider-Mombaur nahm mit Schüler/innen des Gymnasium Vogelsang in Solingen teil. Ihnen allen danken wir sehr herzlich.

Im Wintersemester 2014/15 beteiligte sich eine weitere Gruppe: Studierende des Masterstudienganges »Kulturanalyse und Kulturvermittlung« an der TU Dortmund. Sie haben in diesem Jahr die »Denkwerkstatt Museum« mit durchgeführt und zugleich reflektierend begleitet, um – zusammen mit den Kunst-Studierenden Elisabeth Beregow, Mara Döhmen, Melanie Richter und Sara Treppner – die Publikation vorzubereiten. Gemeinsam mit dem Buchgestalter Frank Georgy, der bereits in verschiedenen anderen Projekten ein verlässlicher und anregender Partner war, wurde ein eigenständiges und innovatives Buchkonzept entwickelt. Roland Baege trug einmal mehr die fotografische Dokumentation bei. Ihnen allen sei sehr herzlich gedankt.

Entstanden ist ein Buch, das versucht, die Institutionen und Generationen übergreifenden Beiträge zur »Denkwerkstatt Museum« in Texten, Fotos und Buchgestaltung widerzuspiegeln. Dass wir diese Publikation mit einem Beitrag eines Museums-Doyens bereichern können, freut uns ganz besonders. Unser aufrichtiger Dank gilt Pierre Rosenberg für seinen Text.

Seit mehreren Jahren nimmt die Ministerin für Familie, Kinder, Jugend, Kultur und Sport des Landes Nordrhein-Westfalen Ute Schäfer Anteil an der »Denkwerkstatt Museum«; dafür und für ihr Grußwort zu dieser Publikation gilt unser herzlicher Dank.

Wir freuen uns auf die weitere gemeinsame Arbeit in der »Denkwerkstatt Museum«.

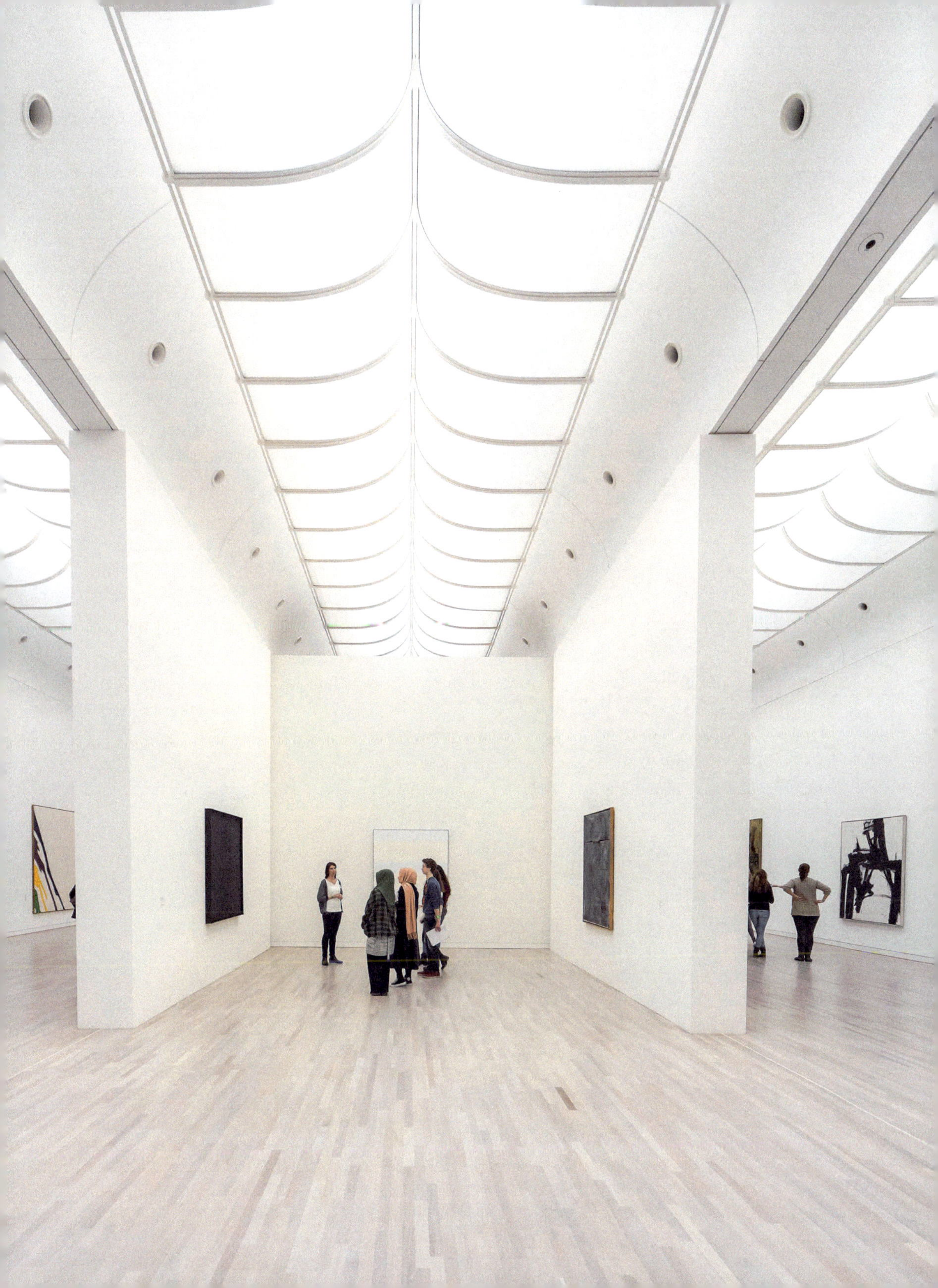

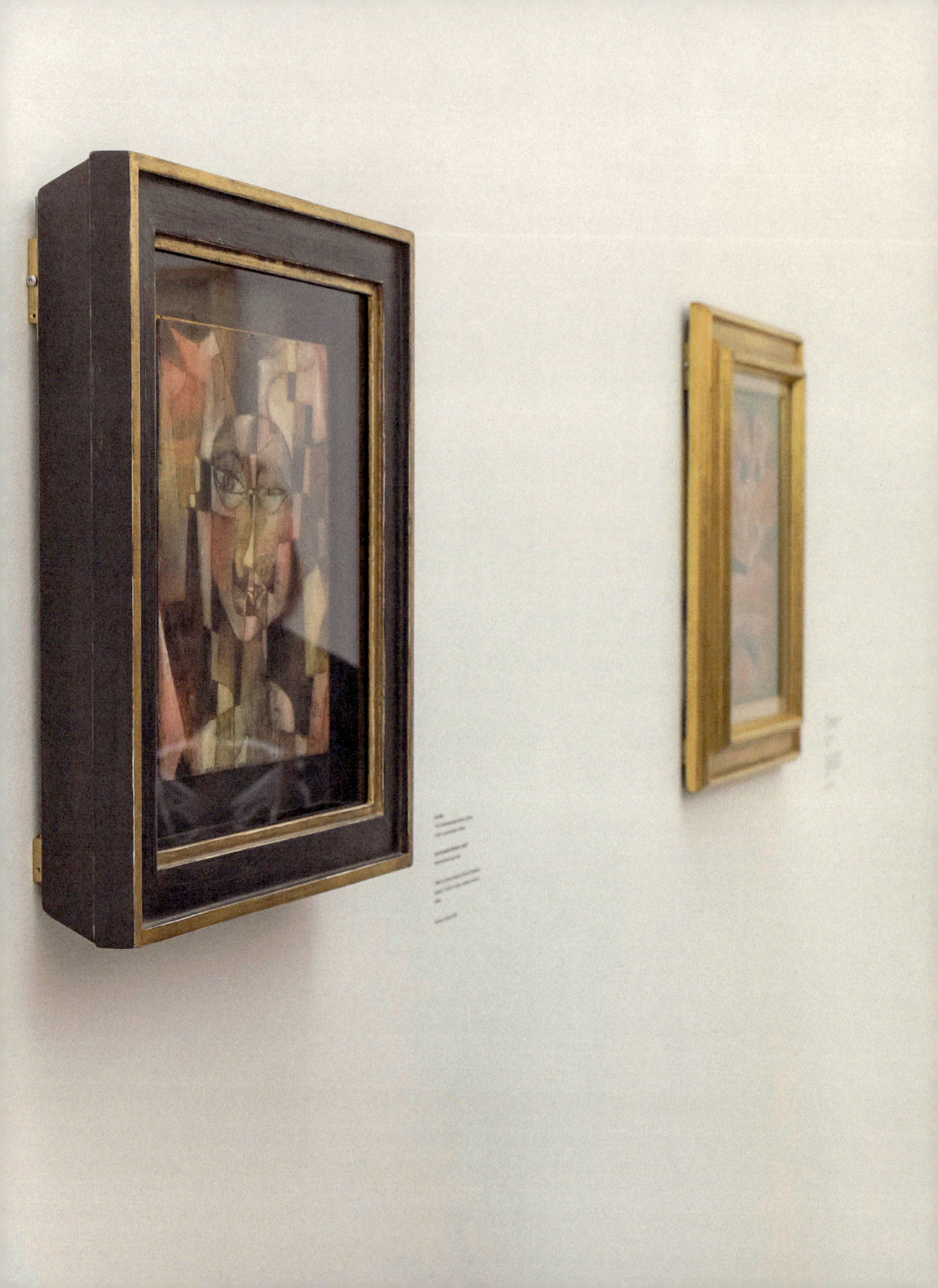

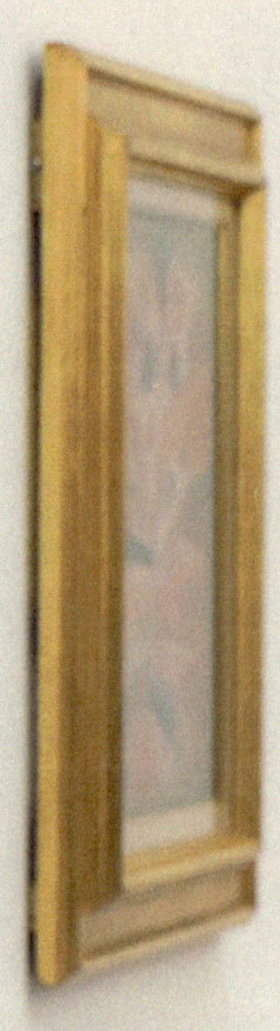

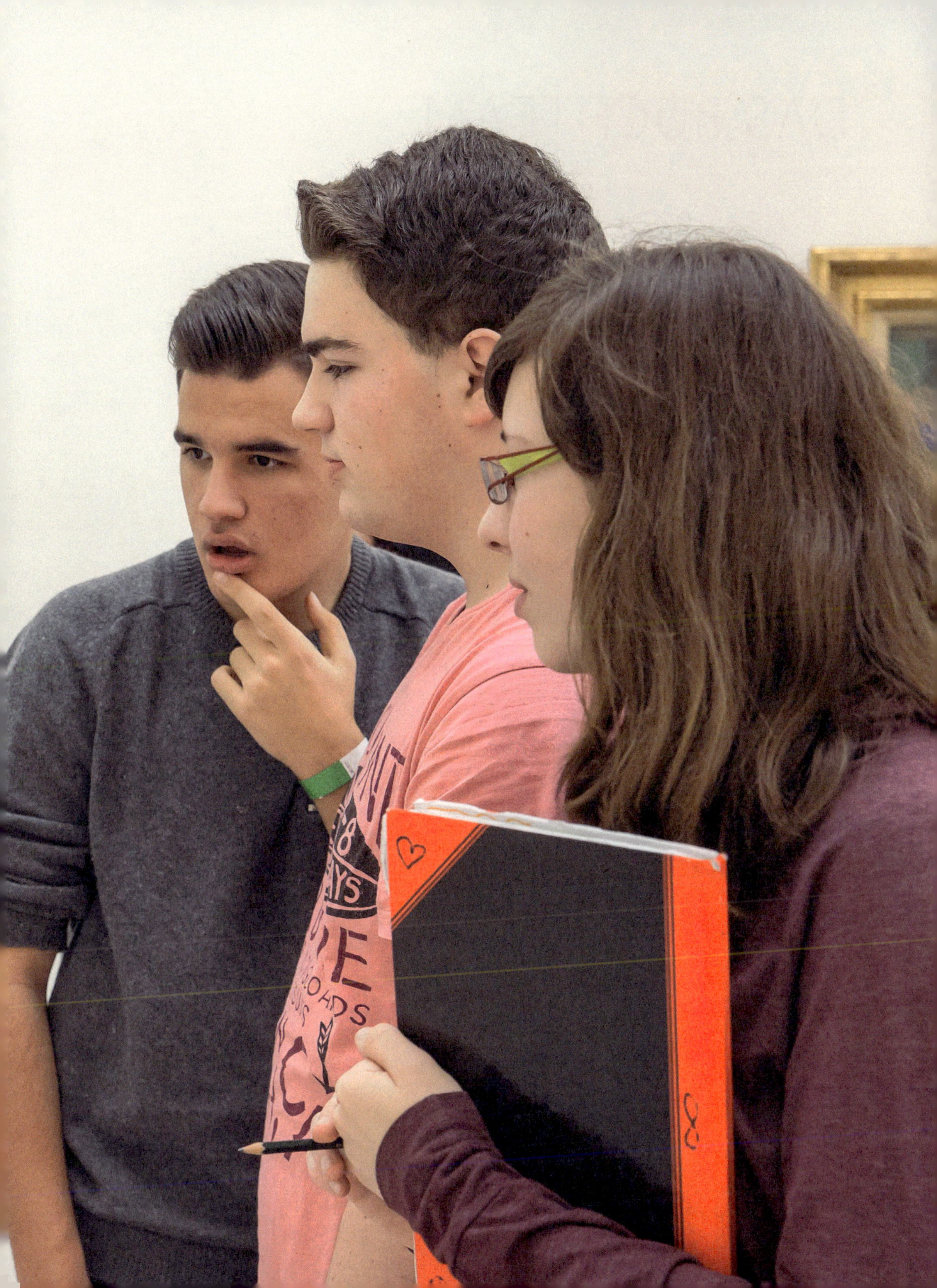

DAS BUCHTEAM

Marion Ackermann, Dr., geboren 1965. Wurde nach langjähriger Tätigkeit als Kuratorin der Städtischen Galerie im Lenbachhaus in München Ende 2003 Direktorin des Kunstmuseums Stuttgart und eröffnete den spektakulären Neubau. Unter ihrer Leitung fanden dort monographische Ausstellungen zu Otto Dix oder Max Bill sowie Themenausstellungen wie »Drei. Das Triptychon in der Moderne« statt. Seit September 2009 ist sie künstlerische Direktorin der Kunstsammlung Nordrhein-Westfalen. Unter ihr wurde das K20 im Sommer 2010 wiedereröffnet. In Düsseldorf hat sie u.a. »Silent Revolution«, »Joseph Beuys. Parallelprozesse«, »Kandinsky, Malewitsch, Mondrian – der weiße Abgrund Unendlichkeit« oder »Unter der Erde. Von Kafka bis Kippenberger« kuratiert. Für 2015 hat sie die Ausstellungen »Uecker« und »Miró. Malerei als Poesie« vorbereitet.

Roland Baege, geboren 1987. Seit 2011 arbeitet er als freiberuflicher Fotograf im Umkreis NRW mit Büro in Dortmund. Von 2008–2014 Studium der Kunst und Kunstwissenschaft mit Schwerpunkt künstlerische Fotografie bei Felix Dobbert; außerdem Kulturanthropologie des Textilen, beides an der TU Dortmund. Seit 2014 Studium des Studiengangs »Master of Photography Studies and Practice« an der Folkwang Universität der Künste in Essen. Lebt in Bochum.

Heinz Udo Brenk, geboren 1953. Lehramtsstudium Sek. I für Mathematik und Kunst in Dortmund 1974–1977; seit 1979 Lehrer am Heinrich-Heine-Gymnasium in Dortmund. Aufbaustudium für Kunst Sek. II 2010–2012 an der TU Dortmund; neben der »Denkwerkstatt Museum« in zahlreichen weiteren Kooperationen mit der TU Dortmund und der FH Dortmund aktiv sowie im Bereich internationaler Schulpartnerschaften, insbesondere mit Israel und Polen.

Natalie Çalkozan, geboren 1987. Studium der Kunstgeschichte und Erziehungswissenschaft an der Ruhr-Universität Bochum. Zuvor Tätigkeiten im Bereich Mediengestaltung Bild und Ton beim Offenen Kanal Dortmund. Seit 2013 Masterstudium »Kulturanalyse und Kulturvermittlung« mit dem Schwerpunkt Kunstwissenschaft an der TU Dortmund. Während des Studiums Praktikum im Bereich kuratorische Assistenz im Museum für Kunst und Kulturgeschichte Dortmund, Vermittlungsprojekt zur Ausstellung »Christian Rohlfs: Musik der Farben« in der RWE Galerie Dortmund.

Frank Georgy, geboren 1969. Studium der Visuellen Kommunikation an der Krefelder FH-Niederrhein. Seit 1998 unter dem Namen kopfsprung tätig, ab 2004 mit eigenem Büro in Köln. Regelmäßige Lehraufträge an der TU Dortmund. Arbeitsschwerpunkte: Buchgestaltung, Erstellung von Firmenerscheinungsbildern und Illustration.

Niklas Gliesmann, Dr., geboren 1977. Während des Studiums der Kunstgeschichte und Philosophie studentischer Mitarbeiter im Museum Ludwig in Köln zur Entstehungszeit des Projekts »Kunst:Dialoge«; seither Interesse an den Formen der Vermittlung von Kunstgeschichte des 20. Jahrhunderts. Als wissenschaftlicher Volontär und späterer Kustos mehrere Jahre im Museum Schnütgen in Köln und zuständig für die Abteilung Skulptur ab 1400, für Ausstellungskonzeption, Leihverkehr, die Betreuung des damaligen Neubauprojekts und die Neupräsentation 2010. Seit 2012 als wissenschaftlicher Mitarbeiter an der TU Dortmund. Er leitet seit 2013 das Projekt »Denkwerkstatt Museum«. Forschungen zur Kunst des späten Mittelalters, den Formen der Kunst in Europa und den USA nach 1945 sowie zur Skulptur am Beginn des 21. Jahrhunderts.

Julia Hagenberg, geboren 1967. Studium der Klassischen Philologie, Geschichte und Kunstgeschichte an der Albert-Ludwigs-Universität Freiburg und an der Freien Universität Berlin. 1997 Assistenz im Bereich Corporate Communications, Salomon Guggenheim Museum, New York; 1998–2002 Assistenz im Atelier der Künstlerin Katharina Grosse, Düsseldorf; 1998–

2002 Freie Mitarbeit in der Photographischen Sammlung/SK Stiftung Kultur, Köln; 2002–2003 Wissenschaftliche Mitarbeiterin, Kunstmuseum Bonn; 2003–2004 Mitarbeiterin bei der Videonale im Kunstmuseum Bonn, Bereich Kommunikation und Vermittlung; 2004–2009 Leiterin der Kunstvermittlung, Kunstmuseum Stuttgart. Seit 2009 Leiterin der Abteilung Bildung, Kunstsammlung Nordrhein-Westfalen. Lehraufträge an der Pädagogischen Hochschule Ludwigsburg und der Heinrich-Heine-Universität Düsseldorf.

Lea Hemker, geboren 1990. Seit 2014 Studentin des Masterstudiengangs »Kulturanalyse und Kulturvermittlung« an der TU Dortmund. Sie studierte von 2010–2014 den Zwei-Fach-Bachelor Kunstgeschichte/Katholische Theologie an der Westfälischen Wilhelms-Universität Münster. Insbesondere interessieren sie moderne und zeitgenössische Kunst.

Victoria Höchst, geboren 1990. Belegt derzeit den Masterstudiengang »Kulturanalyse und Kulturvermittlung« mit dem Schwerpunkt der Kunstwissenschaft an der TU Dortmund. Ihr abgeschlossenes Bachelorstudium im Fachbereich Geschichts- und Kulturwissenschaften mit dem Hauptfach Kunstpädagogik und den Nebenfächern Erziehungswissenschaften und Soziologie absolvierte sie an der Justus-Liebig-Universität in Gießen.

Sarah Hübner, geboren 1987. Seit dem Wintersemester 2013/14 Masterstudium »Kulturanalyse und Kulturvermittlung« an der TU Dortmund. Zuvor abgeschlossener Zwei-Fach-Bachelor Kunstgeschichte/Romanistik an der Georg-August-Universität Göttingen. Schwerpunkt im Bereich kulturelle Bildung und Vermittlung. Im Rahmen des Studiums Mitarbeit an regionalen Vermittlungsaktionen im Märkischen Museum Witten sowie in K20 Düsseldorf.

Sarah Hübscher, geboren 1981. Bis 2009 Studium der Kunst- und Kunstwissenschaft auf Lehramt für Gymnasien und Gesamtschulen an der TU Dortmund. Anschließend Masterstudium »Kulturanalyse und Kulturvermittlung« mit Studienprofil Kunstwissenschaft (bis 2011) an der TU Dortmund. Seit 2011 wissenschaftliche Mitarbeiterin am Institut für Allgemeine Erziehungswissenschaft und Berufspädagogik (IAEB) im Lehrgebiet Historische Bildungsforschung an der TU Dortmund. Themenschwerpunkte innerhalb der Lehre und Forschung: Außerschulische Lernorte, Bildung und Vermittlung im Museum, Kulturelle und Ästhetische Bildung. Seit 2006 Mitarbeit an zahlreichen Projekten im Bereich der Kunstwissenschaft, Kulturvermittlung und visuellen Kommunikation sowie seit 2009 freie Mitarbeiterin in der Abteilung »Bildung und Kommunikation« des Museum Ostwall im Dortmunder U.

Anna Kampe, geboren 1986. Studiert seit Herbst 2014 den Masterstudiengang »Kulturanalyse und Kulturvermittlung« an der TU Dortmund. Zuvor absolvierte sie einen Master in Kunstgeschichte an der Rheinischen-Friedrich-Wilhelms-Universität Bonn.

Inga Michaelis, geboren 1989. Abgeschlossenes Bachelor-Studium der Kunst und Kulturanthropologie des Textilen an der TU Dortmund, seit 2014 dort Master-Studium der »Kulturanalyse und Kulturvermittlung«. Freie Mitarbeiterin in der Abteilung Bildung und Vermittlung im Museum MARTa Herford, Konzeption und Durchführung von Ausstellungen und Workshops beim Kindermuseum OWL e. V., redaktionelle Betreuung des Audionetzes der EMSCHERKUNST.2013 sowie Mitarbeiterin als Scout bei der EMSCHERKUNST.2013.

Eyleen Röbert, geboren 1990. Abgeschlossenes Studium der »Medien, Kommunikation und Gesellschaft« im Hauptfach und Kunstgeschich-te im Nebenfach an der Universität Trier. Derzeit absolviert sie an der Technischen Universität Dortmund den Masterstudiengang »Kulturanalyse und Kulturvermittlung« mit dem Schwerpunkt Kunstwissenschaft.

Pierre Rosenberg, geboren 1936. Langjähriger Direktor des Louvre (1994–2001), nachdem er bereits 1962 als Assistent seine Tätigkeit an diesem Museum aufgenommen hatte; in seine Amtszeit als Direktor fällt das Projekt »Grand Louvre«, das den gesamten Gebäudekomplex des Louvre in eine museale Nutzung überführte, wichtige Neupräsentationen umfasste und in dessen Zuge die Glaspyramide im Innenhof von leoh Ming Pei errichtet wurde. Pierre Rosenberg ist Mitglied der Académie française.

Lisa Sarachman, geboren 1991. 2011–2014 Studium der Kunstgeschichte und Anglistik an der Heinrich-Heine-Universität Düsseldorf. Seit 2014 Masterstudium »Kulturanalyse und Kulturvermittlung« an der TU Dortmund.

Ann Katrin Schulte, geboren 1987. Seit 2014 Studentin des Masterstudiengangs »Kulturanalyse und Kulturvermittlung« der TU Dortmund. Zuvor abgeschlossenes Bachelorstudium der Kunstgeschichte und Medienwissenschaft an der Ruhr-Universität Bochum.

Mareike Wehner, geboren 1990. Lehramtsstudium der Fächer Kunst und Englisch für Gymnasien und Gesamtschulen an der TU Dortmund, dort seit 2014 Masterstudium »Kulturanalyse und Kulturvermittlung«. Begleitend zum Studium war sie studentische Hilfskraft im Bereich Kunstgeschichte, wobei sie u.a. ein Tutorium für Studienanfänger in den Bereichen »Kunstgeschichte« und »Wissenschaftliches Arbeiten« gab.

Barbara Welzel, Prof. Dr., geboren 1961. Seit 2001 Professorin für Kunstgeschichte an der TU Dortmund, seit 2011 dort Prorektorin Diversitätsmanagement. Seit 2009 Mitglied im Vorstand des Verbandes Deutscher Kunsthistoriker und im Nationalkomitee des CIHA (Comité International d'histoire de l'art), seit 2011 Mitglied im Fachausschuss Bildung des Deutschen Kulturrats sowie seit 2014 im Fachausschuss Kulturelles Erbe, seit 2013 Mitglied im Vorstand des Kulturwissenschaftlichen Instituts Essen sowie Mitglied im Forschungsrat der Universitätsallianz Ruhr.

Veröffentlichungen zur deutschen und niederländischen Kunstgeschichte des 15. bis 17. Jahrhunderts und zu sammlungsgeschichtlichen Fragen, zur Hofkultur, zur spätmittelalterlichen Stadtkultur und zur Kunstgeschichte des Hanseraumes sowie zum kulturellen Gedächtnis.

Während der Promotionszeit freiberuflich in der Vermittlung der Berliner Museen tätig; u.a. 1987 die ersten Integrationskurse für »Jugend im Museum«. In Dortmund: regelmäßig Lehrprojekte, zuletzt (2013–2016) mit dem Archiv für Architektur und Ingenieurbaukunst NRW (A:AI) der TU Dortmund und dem Lehrstuhl Geschichte und Theorie der Architektur »Planvoll«, gefördert von der Stiftung Mercator im Kontext von »SammLehr – An Objekten lehren und lernen«. Modellprojekte und Publikationen zu Kunstgeschichte und Bildung.

Sina Ziegler, geboren 1988. Ausgebildete Veranstaltungskauffrau mit Erfahrung im Kulturbereich. Anschließendes Bachelorstudium der Fächer Theaterwissenschaft und Kunstgeschichte an der Ruhr-Universität Bochum. Aktuell Studium des Master-Studienganges »Kulturanalyse und Kulturvermittlung« an der TU Dortmund.

LITERATUR ZUM EINSTIEG

100 x Paul Klee. Geschichte der Bilder. Ausstellungskatalog Düsseldorf 2012, hg. von der Kunstsammlung Nordrhein-Westfalen Düsseldorf, Berlin 2012.

Marion Ackermann, Silent Revolution. Eine Sammlung in Bewegung, in: Im Sog der Kunst, hg. für die Staatlichen Kunstsammlungen Dresden von Volkmar Billig/Julia Fabritius/Martin Roth, Köln 2012, S. 87–105.

Meisterwerke des 20. und 21. Jahrhunderts, hg. von der Kunstsammlung Nordrhein-Westfalen Düsseldorf, Düsseldorf 2010.

Kunstsammlung Nordrhein-Westfalen, hg. von der Stiftung Kunstsammlung Nordrhein-Westfalen. 2., grundlegend überarbeitete Auflage, München 2010.

»Überleben in zukünftiger Vergangenheit«. Erwerbungen 1990–2007. Armin Zweite und die Kunstsammlung Nordrhein-Westfalen, hg. von Julian Heynen und Pia Müller-Tamm, Düsseldorf 2008.

Einblicke. Das 20. Jahrhundert in der Kunstsammlung Nordrhein-Westfalen, Düsseldorf, hg. von der Kunstsammlung Nordrhein-Westfalen Düsseldorf, Ostfildern-Ruit 2000.

Ingeborg Flagge (Hg.), Kunstsammlung NRW. Malerei des zwanzigsten Jahrhunderts. Ergänzungsband 1979, hg. von der Kunstsammlung Nordrhein-Westfalen Düsseldorf, Düsseldorf 1979.

Malerei des zwanzigsten Jahrhunderts, hg. von der Kunstsammlung Nordrhein-Westfalen Düsseldorf, Düsseldorf 1975.

Der umfangreiche und sehr informative Web-Auftritt der Kunstsammlung Nordrhein-Westfalen: www.kunstsammlung.de